北京高精尖产业创新发展研究团队研究成果

U0101013

中国高精尖产业发展报告
（2018）

Report of High-tech Industries in
China (2018)

范合君◎主编

经济管理出版社
ECONOMY & MANAGEMENT PUBLISHING HOUSE

图书在版编目（CIP）数据

中国高精尖产业发展报告（2018）/范合君主编 . —北京：经济管理出版社，2019.2
ISBN 978 - 7 - 5096 - 6337 - 0

Ⅰ . ①中⋯ Ⅱ . ①范⋯ Ⅲ. ①制造工业—工业发展—研究报告—中国—2018 Ⅳ . ①F426.4

中国版本图书馆 CIP 数据核字（2019）第 016556 号

组稿编辑：张永美
责任编辑：范美琴
责任印制：黄章平
责任校对：陈　颖

出版发行：经济管理出版社
　　　　　（北京市海淀区北蜂窝 8 号中雅大厦 A 座 11 层　　100038）
网　　　址：www. E - mp. com. cn
电　　　话：（010）51915602
印　　　刷：三河市延风印装有限公司
经　　　销：新华书店
开　　　本：720mm×1000mm/16
印　　　张：14
字　　　数：272 千字
版　　　次：2019 年 2 月第 1 版　　　2019 年 2 月第 1 次印刷
书　　　号：ISBN 978 - 7 - 5096 - 6337 - 0
定　　　价：58. 00 元

编委会

前　言

　　发展高精尖产业是新时期北京市落实首都新定位、发挥新功能，实现北京市产业结构优化升级的重要方向之一。北京市高精尖产业发展已经走到了全国的前列，在国际舞台上也发挥着日益重要的影响。

　　如何更好地发展高精尖产业，需要对北京市产业链进行系统梳理和研究，研究北京市发展新定位对产业尤其是工业发展提出的新要求、京津冀如何协同发展等问题。需要总结产业演变新趋势，研究国际主要都市圈的产业发展路径，分析北京市产业发展面临的资源环境约束和优势条件，最终给出北京市产业发展的总体定位及发展方向。同时，需要系统研究新材料、新能源、智能制造、医疗医药、电子技术、"互联网＋"、物联网、云计算、3D打印、智慧物流、智能商务等具体高精尖产业发展的现状，解析各产业链关键环节、构成特点、演进趋势及全球布局情况，分析北京市发展该产业的比较优势和薄弱环节，挖掘优势领域，重点研究跨界融合的新技术和新业态。同时，需要结合时空结构进行优势产业集聚和提升的路径研究，提出相应的发展对策措施和空间布局优化。

　　研究北京市高精尖产业发展需要立足北京，面向全国，放眼世界。本书是一部全面反映中国高精尖产业发展的年度研究报告。本书聚焦芯片先进制造技术、新材料、基因测序、肿瘤免疫疗法和抗肿瘤药物、新能源汽车、高速动车组、自动驾驶、物联网，虚拟现实、增强现实与智能可穿戴设备，共享经济、文化创业产业11个高精尖产业，从行业重要性、行业关键技术、国际发展情况、国内发展情况、行业展望五个维度，全面分析我国高精尖产业发展进程、存在问题及今后发展展望。

　　课题组将定期出版《中国高精尖产业发展报告》，希望本报告能够为我国高精尖产业发展做出一定的贡献。

目　　录

1 芯片先进制造技术

潘宁宁

1.1 行业重要性

芯片，又称微电路（Microcircuit）、微芯片（Microchip）、集成电路，是指在集成电路内部的一个细小硅片。人们使用某些技术，将电路中的电阻、晶体管等相关部件用布线连接在一起后制作在半导体晶片上，然后把它们封装在一个管壳内部来发挥电路的作用。我国芯片产业主要以整机制造为主，芯片产业主要有三个环节，分别是设计、制造、封装或测试。集成电路产业链主要有两种模式，即 IDM（Integrated Design and Manufacture）模式和垂直分工模式。近些年来，随着科学技术的不断进步，芯片已经变得无处不在，小到身份证、银行卡、智能电饭煲、手机、电脑等，大到飞机、卫星等，都安装着形状不同、功能各异的芯片，芯片也被称为"大脑"。因此，芯片是开创信息时代的重要驱动力。

芯片产业是资金密集、技术密集和人才密集的产业，是战略性、基础性和先导性产业，也是培育战略性新兴产业、发展信息经济的重要支撑，在信息技术领域的地位十分突出，是现代信息产业的基础。芯片这一行业是战略性新兴高科技产业，它是许多产品的核心元件，电子信息、交通等许多行业都需要使用芯片，一直深受发达国家和地区的重视。同时，芯片产业是保障国计民生和社会进步的重要产业，有利于推动经济发展，保障人民幸福安全，提升现代化水平，促进社会和谐健康发展。

企业大多都为逐利型企业，由于芯片产业投资规模巨大，回报周期漫长，折旧成本高，技术要求高端，企业投资风险大，改革开放初期很少有私有企业涉足芯片产业，导致中国的芯片业在那段时期未有大发展，因此国家不断出台相关产业政策扶持芯片产业。2014 年推进了"中国制造 2025"、"互联网＋"、《国家集成电路产业推进纲要》等国家战略，并于 2014 年 9 月 24 日首次成立国家集成电路投资基金，使国内集成电路市场需求规模进一步扩大、产业发展空间进一步增大、发展环境进一步优化，中国芯片行业面临前所未有的发展机遇。

1.2　行业关键技术

1.2.1　AI 芯片

随着大数据的发展，计算能力的提升，人工智能近两年迎来了新一轮的爆发。对底层基础芯片的需求也发生了根本性改变：人工智能芯片的设计目的不是为了执行指令，而是为了大量数据训练和应用的计算。而人工智能的实现依赖三个要素：算法是核心，硬件和数据是基础，芯片就是硬件的最重要组成部分。它其实包括两个计算过程：一是训练（Train）；二是应用（Inference）。

目前适合深度学习的人工智能芯片主要有 GPU、FPGA、ASIC 三种技术路线。三类芯片代表分别有英伟达（NVIDIA）的 Tesla 系列 GPU、赛灵思（Xilinx）的 FPGA 和 Google 的 TPU。GPU 最先被引入深度学习，技术最为成熟；FPGA 具有硬件可编程特点，性能出众但壁垒高；ASIC 由于可定制、低成本，是未来终端应用的趋势。

（1）GPU。

GPU 使用 SIMD（单指令多数据流）来让多个执行单元以同样的步伐来处理不同的数据，原本用于处理图像数据，但其离散化和分布式的特征，以及用矩阵运算替代布尔运算，适合处理深度学习所需要的非线性离散数据。作为加速器的使用，可以实现深度学习算法。GPU 由并行计算单元和控制单元以及存储单元构成，GPU 拥有大量的核（多达几千个核）和大量的高速内存，擅长做类似图像处理的并行计算，以矩阵的分布式形式来实现计算。与 CPU 不同的是，GPU 的计算单元明显增多，特别适合大规模并行计算。

（2）FPGA。

FPGA 是用于解决专用集成电路的一种方案。专用集成电路是为特定用户或特定电子系统制作的集成电路。人工智能算法所需要的复杂并行电路的设计思路

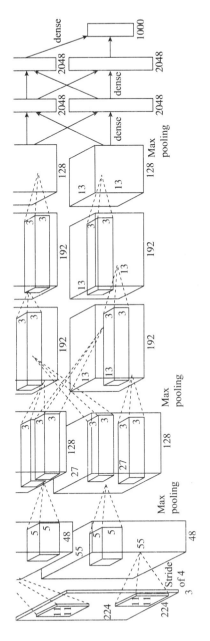

图 1-1 芯片生产过程

资料来源：中国科学院自动化研究所。

适合用 FPGA 实现。FPGA 计算芯片布满"逻辑单元阵列"，内部包括可配置逻辑模块（Configurable Logic Block）、输入输出模块（Input Output Block）和内部连线（Interconnect）三个部分，是相互之间既可实现组合逻辑功能又可实现时序逻辑功能的独立基本逻辑单元。

FPGA 相对于 CPU 与 GPU 有明显的能耗优势，主要有两个原因：首先，在 FPGA 中没有取指令与指令译码操作；其次，FPGA 的主频比 CPU 与 GPU 低很多。

（3）ASIC。

ASIC（专用定制芯片）是为实现特定要求而定制的芯片，具有功耗低、可靠性高、性能高、体积小等优点，但不可编程，可扩展性不及 FPGA，尤其适合高性能/低功耗的移动端。

目前，VPU 和 TPU 都是基于 ASIC 架构的设计。针对图像和语音这两方面的人工智能定制芯片，目前主要有专用于图像处理的 VPU，以及针对语音识别的 FAGA 和 TPU 芯片，图像应用和语音应用人工智能定制芯片。

1.2.2 闪存芯片

三星、海力士和美光等国际闪存芯片大厂都已研发出能够大量生产 64 层堆栈 3D NAND 闪存芯片，这也是当前业界主流的存储芯片技术。紫光集团旗下长江存储已经成功研发出 32 层堆栈 3D NAND 闪存芯片，标志着中国打破了美、日、韩等国对该技术（3D NAND 闪存技术）的垄断。另外，32 层堆栈 3D NAND 闪存芯片只是长江存储用作技术打底，长江存储重点聚焦的是 64 层堆栈 3D NAND 存储器。长江存储在国内可谓是研发 3D NAND 存储器的主力厂商。有业者向媒体透露，2017 年 11 月，长江存储将自己研发出首款的 3D NAND 存储器导入终端 SSD 内，进而对该终端产品测试即告成功。

1.2.3 光电子集成芯片技术

2018 年年初，863 新材料技术领域办公室组织专家对"光电子集成芯片及其材料关键工艺技术"主题项目进行了验收。该项目形成了 16 通道硅基平面光波回路型 AWG 芯片、VOA 芯片的批量生产能力。光电子集成芯片及其材料关键工艺技术是新材料领域重要的发展方向之一，是未来高速大容量光纤通信、全光网络、下一代互联网、宽带光纤接入网所广泛依赖的技术。

1.3 国际发展情况

1.3.1 全球芯片行业发展历程

表 1-1 全球芯片行业发展历程

时间	发展
1947 年	美国贝尔实验室的约翰·巴丁、布拉顿、肖克莱三人发明了晶体管
1958 年	第一块集成电路板问世
1964 年	摩尔提出摩尔定律，预测晶体管集成度将会每 18 个月增加 1 倍
1966 年	美国 RCA 公司研制出 CMOS 集成电路，并研制出第一块门阵列
1971 年	Intel 推出 1kb 动态随机存储器（DRAM）和全球第一个微处理器 4004，标志着大规模集成电路出现
1978 年	64kb 动态随机存储器诞生，不足 0.5 平方厘米的硅片上集成了 14 万个晶体管
1988 年	16M DRAM 问世，1 平方厘米大小的硅片上集成了 3500 万个晶体管，标志着进入超大规模集成电路（VLSI）阶段
1993 年	66MHz 奔腾处理器推出，采用 0.6μm 工艺
1999 年	奔腾Ⅲ问世，450MHz，采用 0.25μm 工艺，后采用 0.18μm 工艺
2003 年	奔腾 4E 系列推出，采用 90nm 工艺
2009 年	Intel 酷睿 i 系列推出，采用 32nm 工艺
2015 年	IBM 宣布实现 7nm 工艺

资料来源：前瞻产业研究院整理。

1947 年，美国贝尔实验室的约翰·巴丁、布拉顿、肖克莱三人发明了晶体管。1958 年，基尔比研制出世界上第一块集成电路，成功地实现了把电子器件集成在一块半导体材料上的构想，世界上第一块集成电路板问世。1964 年，英特尔公司的联合创始人之一戈登摩尔就曾对集成电路的未来作出预测。他推算，到 1975 年，每块芯片上集成的电子组件数量将达到 65000 个，预测晶体管集成度将会每 18 个月增加 1 倍。摩尔定律诞生。1966 年，美国 RCA 公司研制出 CMOS 集成电路并研制出第一块门阵列。1971 年，英特尔推出 1kb 动态随机存储器（DRAM）和全球第一个微处理器 4004，标志着大规模集成电路出现。1978

年，64kb 动态随机存储器诞生，不足 0.5 平方厘米的硅片上集成了 14 万个晶体管。1988 年，16M DRAM 问世，1 平方厘米大小的硅片上集成了 3500 万个晶体管，标志着进入超大规模集成电路（VLSI）阶段。如今，芯片生产商（如英特尔、AMD 等公司）在每个芯片上所集成的晶体管数量已达到了前所未有的水平，IBM 已经实现 7nm 工艺。

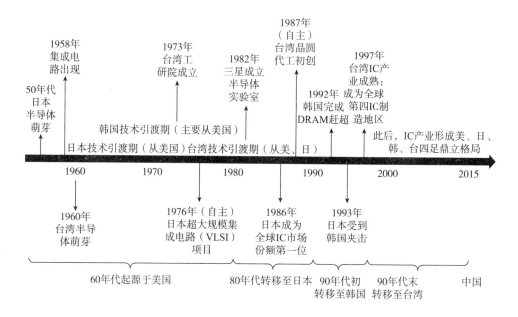

图 1 - 2　世界芯片行业转移

资料来源：www.eefocus.com。

　　世界芯片行业经历了三次转移升级：第一次是从美国转移到日本；第二次是从日本转移到韩国和中国的台湾；2015 年随着中国台湾、韩国人力成本的上升，又一次从中国台湾和韩国转移到中国大陆。中国在一定程度上已经成为芯片制造和消费大国。未来，随着我国芯片行业技术能力的提高和人力成本的上升，芯片制造行业将从我国向其他发展中国家转移。

1.3.2　全球芯片行业发展现状

　　根据前瞻产业研究院发布的《2017 ~ 2022 年中国芯片行业市场需求与投资规划分析报告》数据显示，2010 ~ 2016 年全球芯片市场规模呈波动变化趋势，2014 年达到近年来最高值 3403 亿美元，较 2013 年增长 7.89%。2016 年上半年开局疲软，但是得益于 2016 年下半年定价的改善以及强劲需求，2016 年全球芯片销售额达到 3435 亿美元，较 2015 年的 3349 亿美元增长 2.6%。

受动态随机存取存储器（DRAM）芯片与 NAND 闪存芯片市场需求强劲的促进，2017 年全球芯片市场的总销售额预计将达到 3970 亿美元。

近年来，某些 IDM 生产商开始让出整个产业链中某些部分的话语权，进而采用轻晶圆制造（Fab－lite）模式，即将晶圆委托给芯片代工企业制造，而自己则转变为专门的芯片设计企业，因此，出现了一些芯片代工厂。目前垂直分工模式已经成为半导体行业经营模式的一种发展方向，在这样的背景下，中国的半导体产业迎来了一定的发展机遇。

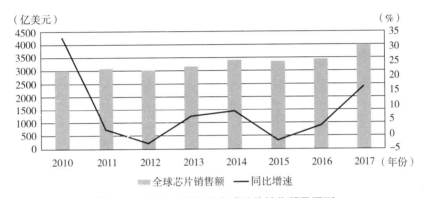

图 1－3 2010～2017 年全球芯片销售额及预测

资料来源：前瞻产业研究院整理。

1.3.3 全球芯片应用领域结构

芯片产业的下游产业主要是集成电路 IC、先进封装、LED、MEMS 和功率半导体以及化合物半导体。芯片产品的下游应用非常广泛，主要市场在智能终端、电脑、消费电子、工业、汽车、军事、医疗等领域。根据 IC Insights 的预估，2016 年全球芯片行业下游市场大致分为通信（含手机）、计算机、消费电子、汽车、工业/医疗、政府/军事等领域，其中最主要的市场是通信和计算机领域，二者占比达到 74%。其次是消费电子、汽车和工业领域。

在过去十年，智能终端的普及是芯片行业规模成长的最重要动力，随着智能手机增速放缓，其带动效应减弱。IC Insights 的研究显示，手机和个人电脑是芯片产品的两个最大市场，2016 年市场规模分别为 866 亿美元和 635 亿美元，占比分别达到 25.5% 和 18.7%。

1.3.4 国际市场竞争情况

全球芯片企业主要以美日欧企业为主，这三大地区几乎垄断了高端芯片市场。根据美国半导体产业协会（SIA）的最新统计数据显示，2017 年 1 ~ 2 月，中国和美国的芯片市场规模份额扩大，分别为 33.10% 和 19.73%，日本和欧洲芯片市场份额有所下降，分别为 9.29% 和 9.12%。中国芯片市场是全球最大、增长最快的市场，但是对外依存度过高。

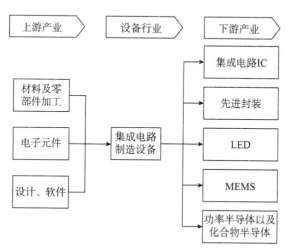

图 1 - 4　集成电路设备制造上下游

资料来源：中国产业信息网。

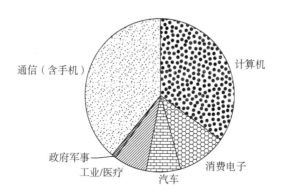

图 1 - 5　2016 年全球芯片产品的下游应用占比

资料来源：前瞻产业研究院整理。

自 2011 年以来，全球半导体行业发展趋于平缓，并且增速越来越慢。近几年来，全球半导体芯片产业格局正呈现出分工合作、资本密集、合作研发等新的趋势，并且巨头企业垄断态势更加明显。半导体资本支出主要集中在少数几家大公司之手，英特尔、台积电和三星公司三巨头的投资仍将超过全部支出的一半，前 5 大半导体公司的支出之和则将占 63％，前 10 大半导体公司所占比重可达 77％。垄断性很强，进入门槛很高。目前，资金成为制约集成电路企业发展的主要障碍，国内全行业每年的资金投入只相当于英特尔的 1/6。全球半导体行业增速也逐渐放缓，2011～2014 年，产业规模年均增速仅有 2.8％，全球半导体市场在 2014 年达到 9.9％的高速增长后，2015 年出现了下滑，根据 SIA 公布的最新资料，全球半导体市场销售额为 3352 亿美元，同比下降 0.2％。预计 2018～2020 年，全球半导体产业年均增速将在 3％左右，芯片行业增速变缓表明全球芯片产业已经进入成熟期。

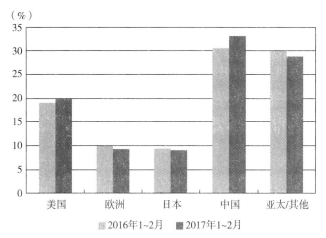

图 1－6　2016～2017 年全球芯片行业市场区域分布

资料来源：前瞻产业研究院整理。

表 1－2　2015～2016 年全球芯片厂商销售额 TOP10

排名		企业	2016 年		2015 年		2016/2015 年变化（%）
2016 年	2015 年		销售额（百万美元）	市场份额（%）	销售额（百万美元）	市场份额（%）	
1	1	英特尔	54091	15.75	51690	15.43	4.64
2	2	三星	40104	11.67	37852	11.3	5.95
3	4	高通	15415	4.49	16079	4.8	-4.13
4	3	SK 海力士	14700	4.28	16374	4.89	-10.22
5	17	博通	13223	3.85	4543	1.36	191.06
6	5	美国镁光	12950	3.77	13816	4.12	-6.27
7	6	德州仪器	11901	3.46	11635	3.47	2.29
8	7	东芝	9918	2.89	9162	2.74	8.25

续表

| 排名 | | 企业 | 2016 年 | | 2015 年 | | 2016/2015 年变化（%） |
2016 年	2015 年		销售额（百万美元）	市场份额（%）	销售额（百万美元）	市场份额（%）	
9	12	NXP	9306	2.71	6517	1.95	42.8
10	10	联发科	8725	2.54	6704	2.0	30.15
其他			153181	44.59	160562	47.94	-4.6
全球统计			343514	100	334934	100	2.56

资料来源：前瞻产业研究院整理。

自 1993 年 1 月以来，英特尔一直是世界上最大的芯片制造商，其销售的 386 和 486 处理器有力地冲击了日本芯片企业，比如 NEC 和东芝。1993 年发布的第一代奔腾 CPU 以及之后十年 Windows 95 和 Windows 98 个人计算机的蓬勃发展，将英特尔推上了业界龙头地位。目前，英特尔的年收益率仍然在继续增长——无论是从 PC、数据中心服务器，还是物联网芯片。2016 年，英特尔仍是全球最大芯片供应商，全年芯片销售额达 540.9 亿美元，较 2015 年增长 4.6%，市场份额达 15.7%；排在第二位的是三星电子，2016 年芯片收入达 401 亿美元，较 2015 年增长 6.0%，占 11.7% 市场份额；高通排名第三，芯片收入达 154 亿美元，较 2015 年下降 4.1%；SK 海力士排名第四，销售额为 147 亿美元，较 2015 年下降 10.2%。值得注意的是，2016 年芯片销售额排名第五的博通，2015 年排名仅 17 名，一下子跃升 12 个名次，2016 年芯片销售额达 132 亿美元，较 2015 年的 45 亿美元增长 191.1%。

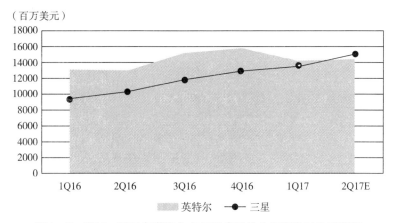

图 1-7 2016~2017 年英特尔与三星半导体业务营收对比及预测

资料来源：Gartner 前瞻产业研究院整理。

2017 年 4 月，三星电子公布了 2017 年一季度财报，得益于存储芯片的持续强劲表现以及 Galaxy S8 和 S8＋面向全球发布，三星 2017 年一季度净利润暴增 46.29%，创近 4 年来新高。从这几年三星电子的强力表现来看，2017 年第二季度三星的芯片业务将可能超越英特尔公司，成为全球半导体市场的营收第一。如果三星真的在 Q2 超越了英特尔，这不仅是三星的一个里程碑式的成就，对于全世界所有尝试取代英特尔作为世界上最大的半导体供应商的其他生产商而言，这也是一个极为重大的消息。在 2016 年 Q1，英特尔的销售额还比三星高出 40%，但在短短一年多的时间里，这一优势已不复存在，英特尔可能会发现自己的季度销售额出现下滑。

1.4 国内发展情况

大国崛起，产业升级，国产芯片迎来历史发展机遇。近年来，国家大力推动高端芯片国产化，行业发展迎来历史机遇。我国高端光芯片自给率低，进口替代空间大，核心制造技术主要集中在美国、日本企业中，国产化程度低。2018 年中兴罚款事件再次凸显上游核心芯片缺失对我国通信产业链安全带来潜在的危机。上游产业升级，进口替代成为我国通信行业由大到强亟待解决的问题。经我们测算，到 2025 年我国电信市场高端光模块进口替代空间约为 21.5 亿美元。

目前，中国是全球最大的存储器芯片市场。2017 年，中国集成电路进口额为 2601 亿美元，已连续三年超过原油进口额。由于智能手机市场发展放缓，2015 年全球移动芯片出货量增速下降至个位数，我国（不含港澳台）移动芯片出货增速也有所降低但仍高于全球增速。我国 4G 业务的全面开展，推动 4G 芯片出货快速增长，国内芯片厂商围绕多模 4G 芯片发力，在国内市场中的占比不断提升，从 2014 年年初的 0.5% 增至 2015 年的 10% 以上。国内外多家厂商围绕多模芯片展开竞争，打破垄断态势，推动国内市场全模手机价格快速下降和普及率提升。随着智能穿戴、手机等对芯片需求的增加，对低容量的 NAND Flash 存储器的需求快速增加，而英特尔等巨头企业退出了低容量的行列，这对国内存储器行业发展是一个巨大的机会。2016 年在政策好、低容量 NAND Flash 存储器需求剧增的情况下，中国芯片行业进入快速增长期。

经过十年"创芯"发展，国内集成电路产业呈现集聚态势。目前，我国已初步搭建起了芯片产业链，逐步形成以设计业为龙头，封装测试业为主体，制造业为重点的产业格局。芯片设计、芯片制造、芯片封装测试三大产业都得到长足发展，涌现出以华为海思、紫光集团、国睿集团为代表的芯片设计公司，以中芯国际、上海华力为代表的芯片制造公司，以及以长电科技、华天科技、通富微电等为代表的芯片封装测试企业。然而，中国芯片设计企业大多只是中低端设计。在创新研发与设计能力上，我国绝大多数芯片企业大幅落后于全球领先厂商，麦肯锡给出的评估结论是，仅英特尔一家的研发开支就是中国芯片行业的4倍之多。不仅如此，我国芯片制造企业规模普遍不大，生产承接能力较弱，眼下最多能承担全球半导体行业15%的制造量。另外，诸如硅、锗等芯片的上游重要原材料，在全球市场中的占比也不足1%，国产芯片业的扩产与供给能力受到严重制约。

1.4.1 国产芯片发展现状

1965年4月，研制成功4种固体组件。20世纪70年代，我国研究出MOS型集成电路以及各种DTL、TTL类型的电路。进入21世纪，我国着重建设和发展晶圆厂。863新材料技术领域办公室组织专家对"光电子集成芯片及其材料关键工艺技术"主题项目进行了验收。该项目形成16通道硅基平面光波回路型AWG芯片、VOA芯片的批量生产能力。光电子集成芯片及其材料关键工艺技术是新材料领域重要的发展方向之一。截至目前，我国芯片产业的生产水平为12英寸28纳米阶段，与美日欧企业相比还有一些差距。随着人工智能等行业的快速发展，我国芯片产业已进入高速发展阶段。

表1-3 中国芯片行业发展现状

1965年4月	研制成功4种固体组件
20世纪70年代	研究出MOS型集成电路以及各种DTL、TTL类型的电路
20世纪末	晶圆厂的建设和发展
至今	芯片处于生产水平为12英寸28纳米阶段

资料来源：《芯片营销》。

1.4.2 国产芯片市场需求

我国大陆半导体设备销售额呈现波动式上升，全球销售额所占比例也呈波动式上升。2008年，受全球金融危机影响，2009年半导体设备销售额降至2005年以来的最低水平。2009年之后半导体设备销售额及占全球销售额比例开始波浪式前进，螺旋式上升。2016年1月，半导体设备销售额达到有史以来最高水平。中国大陆半导体芯片产业进入高速发展时期。

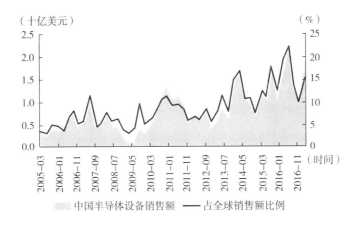

图 1 - 8　大陆半导体设备销售额当季值

资料来源：中国产业信息网。

1.4.3　中国芯片产业布局

目前中国集成电路产业布局主要集中在以北京为核心的京津冀地区、以上海为核心的长三角地区、以深圳为核心的珠三角地区以及四川、重庆、陕西、湖北、湖南、安徽等中西部地区。其中，长三角占比 63.6%，是中国最主要的集成

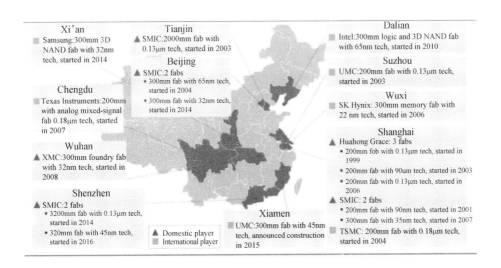

图 1 - 9　当前中国半导体产业已形成四大区域优势

资料来源：BAIN。

电路产能聚集区，依次是京津冀、中西部和珠三角，从而形成中国芯片行业的四大区域优势。

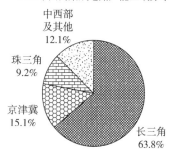

2017年国内集成电路产能区域分布

重点企业	
重庆万代	中芯国际上海
成都格芯	中芯国际深圳
合肥晶合	武汉长江存储
合肥长鑫	西安三星二期
晋江晋华	华力微二期
南京台积电	无锡SK海力士二厂

图 1-10　2017 年国内集成电路产能区域分布及重点企业

资料来源：赛迪顾问 2017 年 12 月。

1.4.4　国内芯片行业发展趋势

（1）成为全球第一大市场，产业增幅远高于全球水平。

目前中国集成电路在全球的市场份额越来越高。根据美国半导体协会的统计资料，从 2014 年第一季度到 2017 年第一季度，中国在全球半导体销售额市场占比从 26.37% 上升到 32.61%，远远高于 2017 年第一季度美洲、日本、欧洲的 19.33%、9.29%、9.61%，中国已经成为全球半导体销售的第一大市场。

随着中国市场份额的逐步扩大，我国集成电路产业近十年来发展迅速，除 2008 年、2009 年受金融危机影响集成电路行业销售额出现同比下降，其余各年均出现双位数增长。整体来看，我国集成电路产业增长情况远远高于国外。

（2）结构不断优化，设计占比持续上升。

我国集成电路行业发展早期，主要从技术含量低、资金门槛适中的封装测试环节起步，但是发展快速。早期封装测试在整体产业中的比重曾接近 80%，随后逐步下降，集成电路制造占比也经历了一个先上升、后下降的过程，高峰时销售占比接近 1/3，目前不到 30%。而设计占比不断上升，2016 年我国集成电路设计销售额为 1644.3 亿元，占比为 37.93%，首次超过封测业的 1564.3 亿元销售额，占据第一位。2017 年第一季度集成电路设计、制造、封装销售额分别为 351.60 亿元、266.20 亿元、336.50 亿元，占比分别为 36.84%、27.89%、35.26%，设计继续位居第一。

（3）高端产品依靠进口，近几年集成电路进口额位居第一。

我国集成电路产品结构主要集中在中低端产品，集成电路产业链上各环节核心产品均主要依赖进口。在集成电路制造中，国内制造工艺相对落后，对制造工艺要求较高的数字芯片、存储芯片几乎全部依赖进口。而集成电路主要原材料和核心设备基本依赖进口，目前 12 寸晶圆硅片和重要化学用品国内还无法生产，光刻机等核心设备严重依赖日美欧等外国厂商。中国作为电子产品的全球制造大国，出口比例约 1/3，我国进口的集成电路有相当比例用于出口产品销往国外，而原油的下游产品基本都在国内使用。近十年我国集成电路的进口稳步增长，但出口额有限，进出口逆差不断加大。连续四年集成电路进口额超过 2000 亿美元，超过同期原油进口额，占据第一。高端集成电路产品不能自给，已经成为影响我国产业转型升级乃至国家安全的因素。

（4）产业基金及市场化运作。

中国芯片产业专利申请量逐年增长，主要分布于刻蚀、光刻、薄膜淀积、清洗和研磨设备领域。国家科技计划布局几乎覆盖整个集成电路装备产业链，但光刻机的光学系统领域仍存在空白。芯片行业形成了"自主研发为主加国际合作"的新的发展模式，形成了"下游行业考核上游行业，整机产品考核零部件，实际应用考核生产等技术，市场考核具体产品"的考核机制，增加了产品的实用性，从而生产了一批经得起市场检验的高端芯片产品。在中国集成电路的设计、制造、封装三大环节之中，制造目前是最弱小、差距最大的部分。

（5）产业人才结构及困难。

芯片产业要想更好地发展需要很多人才，人才作为第一资源，是芯片产业发展的关键因素。根据数据显示，我国芯片产业大约需要 70 万的人员，但目前只有不到 30 万的人从事芯片行业，芯片行业需要大量人才。

集成电路产业是高投入和高回报的产业。当前我国已成为全球最大的集成电路应用市场和消费国，需求量超过全球总需求量的 50%。在高端微芯片、大容量存储器、汽车电子、通信芯片用 SoC 的标准专用集成电路（ASSP）以及模拟电路等方面基本依靠进口。

1.5 行业展望

芯片设计行业属于技术密集型行业，我国大陆芯片设计行业占比不断提高，芯片产业结构日趋完善。与此同时，截至 2014 年，中国半导体市场规模占世界半导体份额已经由 10 年前的 21% 提升至 56%，而 2014 年中国半导体销售额占世界半导体份额仅 24%，这说明我国半导体市场规模很大，但是国有芯片产量还不能满足自身需求，随着国家政策及风投资金对芯片产业的投资增加和我国国内芯片市场的需求不断扩大，相信我国芯片产业一定会有更好的发展。

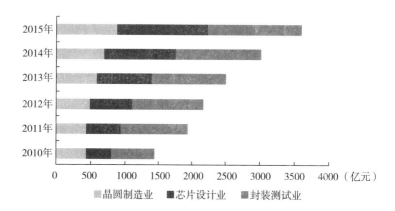

图 1-11　大陆 IC 芯片设计、晶圆制造、封测销售规模

资料来源：中国产业信息网。

参考文献

俞忠钰：《我国集成电路产业的现状与发展机遇》，《半导体技术》2004 年第 1 期。

季建平：《全球最大 IC 市场徒有其表，国产难以替代进口》，《半导体信息》2013 年第 5 期。

翁寿松：《世界半导体设备的"十大"发展趋势》，《电子工业专用设备》2004 年第 4 期。

时岩：《中国集成电路产业发展动态》，《电子技术（上海）》2011 年第 11 期。

王笑龙：《智能终端产品的芯片发展分析》，《集成电路应用》2014 年第 1 期。

曹玲：《中国集成电路芯片项目投资风险分析》，西安建筑科技大学，2008 年。

方圆、徐小田：《集成电路技术和产业发展现状与趋势》，《微电子学》2014 年第 1 期。

李顺德：《集成电路产业的发展和知识产权保护》，《电子知识产权》2011 年第 10 期。

于燮康：《集成电路产业链的现状分析》，《集成电路应用》2017 年第 9 期。

丁文武：《集成电路行业面临的重大变革和机遇》，《集成电路应用》2017 年第 5 期。

宋朝瑞：《重大专项政策对集成电路产业创新影响》，《半导体技术》2012 年第 1 期。

布鲁斯·艾因霍思：《中国芯片产业崛起》，《商业周刊》2011 年。

李鹏飞：《加快推进我国集成电路产业发展的对策建议》，《中国经贸导刊》2017 年第 30 期。

綦成元：《战略性新兴产业快速崛起》，《化工管理》2012 年第 5 期。

李纪英：《快速发展的中国集成电路产业》，《今日电子》2004 年第 9 期。

刘萍萍：《FDI 对我国集成电路产业市场结构的影响研究》，大连理工大学硕士学位论文，2009 年。

刘锐：《半导体集成电路芯片质量与可靠性保证方法》，《兵工自动化》2013 年第 6 期。

赵建忠：《虚拟 IDM 模式打通 IC 与 IT 供需价值链》，《中国电子报》2013 年 8 月 6 日。

陈炳欣：《中国 IC 业"芯"结求解：进口替代难见起色?》，《中国电子报》，电子信息网，2013 年 8 月 23 日。

于寅虎：《从"2011 中国半导体市场年会"解读中国半导体市场》，《电子产品世界》2011 年第 4 期。

2 新材料产业

刘金娜

2.1 行业重要性

新材料是指新近发展的或正在研发的、性能超群的一些材料，具有比传统材料更为优异的性能。它作为高新技术的基础和先导，应用范围极其广泛，也是21世纪最重要和最具发展潜力的领域，可大致分为：电子信息材料、新能源材料、生态环境材料、纳米材料、先进复合材料、新型功能材料、智能材料、高性能结构材料、新型建筑及化工新材料等。同时，新材料被称为"发明之母"和"产业粮食"，是按照人的意志，通过物理研究、材料设计、材料加工、试验评价等一系列研究过程，创造出能满足各种需要的新型材料的技术。材料是人类一切生产和生活的物质基础，历来是生产力的标志，对材料的认识和利用的能力，决定社会形态和人们的生活质量。科技的创新与发展能够让材料具有更优异的性质或者新功能来满足社会发展中层出不穷的新需求。

新材料产业包括新材料及其相关产品和技术设备。与传统材料相比，新材料产业技术更新换代快、高度密集、研究与开发投入高、产品的附加值高、保密性强、生产与市场具有强烈的国际性、产品的质量与特定性能在市场中具有决定作用。新材料的应用范围非常广泛，发展前景十分广阔，其研发水平及产业化规模已成为衡量一个国家经济发展、科技进步和国防实力的重要标志。国家高度重视新材料产业的发展，先后将其列入国家高新技术产业、重点战略新兴产业和《中国制造2025》十大重点领域，并制定了许多政策和规划来推动新材料产业的发展（如图2-1、表2-1所示）。

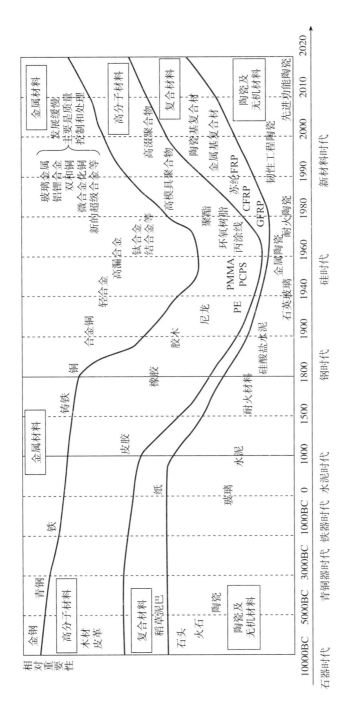

图 2 - 1 新材料发展曲线

资料来源：公开资料整理。

表 2 - 1　我国新材料产业相关的发展规划

时间		发布单位	政策文件
2017 年	1 月	工信部、发改委、科技部、财政部	新材料产业发展指南
2016 年	12 月	国务院办公厅	关于成立国家新材料产业发展领导小组的通知
		国务院	"十三五"国家战略性新兴产业发展规划
	10 月	工信部	有色金属工业发展规划（2016~2020 年）
		工信部	稀土行业发展规划（2016~2020 年）
2015 年	9 月	国家制造强国建设战略咨询委员会	中国制造 2025 重点领域技术路线图
	5 月	国务院	中国制造 2025
2014 年	10 月	发改委、财政部、工信部	关键材料升级换代工程实施方案
2012 年	7 月	国务院	"十二五"国家战略性新兴产业发展规划
2007 年	5 月	发改委	高新技术产业"十一五"规划

资料来源：根据公开资料整理。

新材料是先进制造业和国民经济发展的基础，是重要的战略性新兴产业。培育壮大新材料产业，是推动我国制造强国建设，抢占国际竞争新优势的必由之路。

2.2　行业关键技术

2.2.1　化工新材料

化工新材料产业作为新材料产业的重要组成部分，涉及有机硅、有机氟、环保、节能、电子化学品、油墨等多个新材料领域，是目前正在发展之中具有传统化工材料不具备的优异性能或某种特殊功能的新型化工材料。与传统材料相比，化工新材料具有质量轻、功能性强、性能优异、附件值高、技术含量高等特点。从产品类别来看，化工新材料包括三类：一是新领域的高端化工产品，二是传统化工材料的高端品种，三是通过二次加工生产的化工新材料。

根据中国化工新材料市场 2018 年的研究报告，化工新材料主要有硅材料、工程塑料、特种橡胶、聚氨酯材料、锂电材料、氟材料、特种纤维 - 复合材料、环氧树脂、膜材料、石化原料等，如表 2 - 2 所示。

表 2 - 2　2018 年度中国化工新材料市场研究报告

1. 链材料/Silicon Materiais

聚硅氧院	硅橡胶	硅油	气相二氧化硅	功能性硅烷
Polysiloxane	Sillcone Rubber	Silicone Fluid	Fumed Silica	Funtional Silane
多晶硅	金属硅	四氧化硅/ 一甲基三氧硅烷	硅树脂	沉淀法白炭黑
Polysilicon	Silicon Metal	STC/MTCS	Silicone Resin	Precipitated silica

2. 工程塑料/Engineering Plastles

聚碳酸酯	丙烯酯 - 丁二烯 - 苯乙烯共聚物	聚莱乙烯	聚对苯二甲 酸丁二醇酯	聚对苯二甲乙二醇酯
PC	ABS	PS	PBT	PET
聚甲基丙烯酸甲酯	乙烯 - 乙酸乙 烯酯共聚物	塑料合金	聚苯醚	聚酰胺
PMMA	EVA	Plastlc Alloy	PPO	PA
聚醚醚酮（PEEK）	聚苯硫醚（PPS）	聚酰亚胺（PI）	液晶聚合物（LCP）	聚甲酸（POM）

3. 特种橡胶/Specialty Rubbers

氧丁橡胶（CR）	乙丙橡胶（EPR）	丁腈橡胶（NBR）	丁基橡胶（IIR）	丁苯橡胶（SBR）
颤丁橡胶（BR）	异戊橡胶（IR）	热塑性弹性体 （TPC）		

4. 聚氧酯材料/Polyurethanes

甲苯二异 氧酸酯（TD）	二莱基甲烷 二异氧酸酯（MDI）	聚醚多元醇（PPC）	己二酸（AA）	氨纶（Spandex）
1，4 丁二醇（BD0）	六亚甲基 二异氧酸酯（HDI）	聚氨酯弹性体 （TPU）	聚氨酯软泡/硬泡 （Flexilbe/Rigid PU Foams）	

5. 锂电材料/Li - ion Battery Materlals

正极材料	负极材料	隔膜材料	电解液	
Cathode Materials	Anode Materials	Separators	Electrolyte	

6. 氧材料/Flurlne Materlals

无机氧化物	含氧聚合物	萤石/氢氟酸	含氟制冷剂/ 精细化学品	
Inorganic Fluoride	Fluoropolymer	Fluorite/HF	Flurine - containing Refrigerant/ Fine Chemicals	

7. 特种纤维 - 复合材料/Speclal Fiber - Composlte Materlal

碳纤维	芳纶	超高分子量聚乙烯	石黑烯	树脂基复合材料

Carbon Fiber	Aramid Fiber	UHMWPS	Graphene	Resin matrix composite
8. 环氧树脂/Epoxlde Resin				
环氧氯丙烷（ECH）	环氧树脂（EP）	双酚 A（BPA）	固化剂（Curing Agent）	
9. 膜材料/Membrane Materlals				
离子交换膜		水处理膜		光伏电池背膜
Ion – exchange Membrane		Water Treatment Membrane		Photovoltaic Membrane
10. 石化原料/Petrochemlcal Raw Materlas		**11. 其他/Others**		
甲醇	环氧乙烷/丙院	醋酸	苯及衍生物	离子交换树脂
Methanol	EO/PO	Acetic Acid	Benzene & Derivatives	Ion – exchange Resin
乙二醇	醋酸乙烯	丁二烯		钛白粉
Ethylene Glycol	Vinyl Acetate	Butadiene		Titanium Dioxide

资料来源：北京国化新材料技术中心（ACMI）。

目前，锂电池市场迅速扩张。锂离子电池是指正、负极为锂离子嵌入化合物的二次电池，属于离子浓差电池。相比于大部分其他二次电池和储能技术，锂电池在质量比功率、质量比能量、循环寿命、充放电效率、体积比能量方面均处于领先，是当前最符合新应用发展趋势的储能技术（见表2－3）。

表2－3　锂电池与其他电池性能对比

	铅酸电池	镍氢电池	燃料电池	锂离子电池	
				液态锂离子电	聚合物锂离子
质量比能量（wh/kg）	35～40	75～80	500	110	155
质量比功率（w/kg）	50	160～230	100	300	315
体积比能量（wh/L）	80	100～200	1000	200～280	>320
电压（V）	2	1.2	0.6～0.8	3.7	3.7
工作温度	－20～60℃	20～60℃	20～105℃	0～60℃	20～60℃
循环寿命	800 次	1000 次以上		1000 次以上	1000 次以上
优点	原材料丰富、廉价、技术成熟	高倍率放电性好、耐充放电和过充放电能力强、寿命长、高低温性能好，安全性好	比能量高，能量转换率高、性能稳定、安全性好、环保	能量密度高、平均输出高压高、输出功率大、自放电小、无记忆效应、可快充	能量密度高、寿命长、自放电率最低、安全性好不易燃烧、更易于大规模工业化生产

续表

	铅酸电池	镍氢电池	燃料电池	锂离子电池	
				液态锂离子电	聚合物锂离子
缺点	比能重低，寿命短、耐过充放差、污染环境	自放电率高	成本很高，寿命短、电流小、难充电	寿命长、成本高、须保护电路防止过充放	成本高、弱低温性能

资料来源：根据公开资料整理。

同时，消费电子及新能源汽车的快速发展带动锂电池市场规模迅速增长（见图 2 - 2）。作为锂电池成本的大头，锂电池材料迎来了新一轮的景气周期。

图 2 - 2　锂电池市场规模

资料来源：根据公开资料整理。

2.2.2　永磁新材料

永磁材料作为磁性材料的一个重要组成部分，在信息产业、电子工业、电动工具行业、摩托车、汽车工业等行业发挥着重要的作用。稀土永磁材料是指稀土金属和过渡族金属形成的合金经一定的工艺制成的永磁材料。自 20 世纪 60 年代问世以来，其科研、生产和应用都一直高速发展，按其开发应用的时间顺序可分为第一代钐钴永磁（$SmCo_5$）、第二代钐钴永磁（Sm_2Co_{17}）和第三代钕铁硼永磁（$Nd_2Fe_{14}B$），其中前两代均为钴（Co）基永磁，由于钐（Sm）储量稀少，钴（Co）又属于贵重的战略性金属，因此并未得到广泛应用。钕铁硼永磁于 1983 年研制成功，因其优异的性能和较低的价格很快在许多领域取代了 Sm_2Co_{17} 型磁体，并很快实现了工业化生产。铁基代替钴基使成本大幅降低，钕代替钐进一步降低了成本，在相似磁性能的情况下，钕铁硼的体积、重量均大为减小。

从发展历程来看，稀土永磁材料大致经历了三个阶段，如表 2 – 4 所示。

表 2 – 4　稀土永磁材料经历的三个阶段

发明时间	代表材料	简介
1967 年	第一代稀土永磁材料为 $SmCo_5$ 永磁体，利用粉末法研制成功	主要成分为钐（Sm）、钴（Co），价格昂贵，且钴属战略物资，因此，其工业化大生产和市场扩展速度受到了很大限制，并未得到广泛应用，主要用于航空、航天和国防等领域
1977 年	第二代稀土永磁材料为 Sm_2Co_{17} 永磁体，利用粉末冶金法研制成功	
1983 年	第三代稀土永磁材料为 Nd – Fe – B 永磁体。日本住友的佐川真人等用粉末冶金方法制备成功钕铁硼系永磁材料；美国通用汽车公司宣布以 $Nd_2Fe_{14}B$ 相为基的实用磁体开发成功	钕铁硼永磁具有高磁能积、高矫顽力、高剩磁等优异的磁性能。是目前永磁材料中磁性能最高的一种，也是应用最广的稀土永磁材料

资料来源：公开资料整理。

2.2.3　电子陶瓷材料

电子陶瓷是指应用于电子工业中制备各种电子元器件的陶瓷材料，是采用人工精制的无机粉末为原料，通过结构设计、精确的化学计量、合适的成型方法和烧成制度而达到特定的性能，经过加工处理使之符合使用要求尺寸精度的无机非金属材料。电子陶瓷一般可分为装置陶瓷和功能陶瓷（见表 2 – 5）。

表 2 – 5　电子陶瓷分析表

	电子陶瓷				
	装置陶瓷（机械功能、热功能和部分化学功能）	功能陶瓷（电、光、磁、化学和生物特性，且具有相互转换功能）			
	绝缘装置瓷	电容石瓷	铁电陶瓷	半导体陶瓷	离子陶瓷
主要成分	$MgSIO_3$、Al_2O_3 等	$BaTiO_3$ 等	$PbTiO_3$ 等	ZnO 等	$\beta – Al_2O_3$ 等
特性	电绝缘性优良，介电常数 ε 低，介质损耗 $\tan\delta$ 小	介电常数 ε 高，介质损耗 $\tan\delta$ 较大	具有压电特性，热释电特性	具有半导电性晶粒和绝缘性晶界	可快速传递正离子

续表

		电子陶瓷			
示例	集成电路基片、封装外壳（滤波器基座、LED 基座）	电容器介质	压电器件、红外探测器件	热敏电阻、压敏电阻	固体电池部件

资料来源：公开资料整理。

装置陶瓷主要用于制造电子电路中的基体、基片、外壳、连接件、固定件等器件，具有机械功能、热功能和部分化学功能；功能陶瓷主要用于制造电容、电阻、电感、滤波器、传感器等电子器件，具有电、光、磁、化学和生物体特性，且具有相互转换功能。相较于传统的塑料、环氧树脂等，陶瓷材料具有较高的电阻率、热导率和热稳定性，在热性能、气密性及稳定性要求苛刻的电路环境中被广泛使用（见表 2 - 6）。

表 2 - 6 电子陶瓷应用表

领域	具体应用
航空航天	耐高温、耐磨损、耐腐蚀、质量轻等优异性能使其可以替代金属材料而用于航空航天领域的热机部件
机械工程	在核工业、石油工业、化学工业、轻纺工业、食品工业、高速机床等高温、高速、腐蚀、真空、要求绝缘、无磁、干摩擦的特殊环境下，对超高速、超精密的机床轴承材料要求特别严苛，而新兴陶瓷材料可以很好地胜任
汽车零部件	减震装置中高灵敏元件，内燃机中的氧传感器，气门加热器等
军事	轻质、耐热、耐冲击、低热导等优良性能，使其在防弹装甲、导弹控制系统、火箭和雷达等多处得到应用
生物医疗	由于陶瓷材料的骨亲和性、生物相容性、耐磨性等特点，使其非常适合替代骨关节、牙齿等器官，而且其与人体能够较好的相容，移植后有较少的排斥反应

资料来源：公开资料整理。

2.2.4 第三代半导体材料

第三代半导体材料是提升新一代信息技术核心竞争力的重要支撑，以碳化硅（SiC）和氮化镓（GaN）为代表的第三代半导体材料，因具备禁带宽度大、击穿电场高、热导率大、电子饱和漂移速率高、抗辐射能力强等优越性能，是固态光源和电力电子、微波射频器件的"核芯"，在半导体照明、新一代移动通信、能源互联网、高速轨道交通、新能源汽车、消费类电子等领域有广阔的应用前景。

该项目突破了高质量 6 英寸 4H - SiC 单晶衬底、高质量 4 英寸 GaN 自支撑衬底、6 - 8 英寸 Si 衬底上 GaN 基电子材料与器件、绿光发光器件用高 In 组分氮化物外延生长、深紫外发光器件用高 Al 组分氮化物外延生长等核心关键技术，完成了 2 英寸 GaN 自支撑衬底的规模化生产，实现了高 Al 组分 AlGaN 基深紫外光泵浦激射，开发了基于钙钛矿氧化物材料的紫外光电探测器件原型。项目为我国第三代半导体产业的发展奠定了坚实的基础，对支撑我国新一代信息技术、节能环保等产业发展以及国防建设具有重大意义。

于洪宇团队在氮化镓（GaN）功率器件及封装技术方面进行了大量的研究，并取得了一系列创造性的工作。目前已在 CMOS（Complementary Metal - oxide - Semiconductor，互补金属氧化物半导体）兼容工艺平台上开发出 600V D - mode HEMT（High Electron Mobility Transistor，高电子迁移率晶体管）器件（见图 2 - 3 至图 2 - 5），并基于氮化镓（GaN）高电子迁移率晶体管器件，研发出尺寸规格为 54mm × 29mm × 22mm（仅为同类产品体积的 28%）、效率高达 93% 的 65W（瓦）袖珍电源适配器（见图 2 - 6）。

图 2 - 3　高电子迁移率晶体管（1）

资料来源：于洪宇教授课题组。

2.2.5　新能源材料

新能源材料是实现新能源的转化和利用以及发展新能源技术中所要用到的关键材料。新能源材料覆盖了保氢电池材料、锂离子电池材料、燃料电池材料，太阳能电池材料、反应堆核能材料、发展生物质能所需的重点材料、新型相变储能和节能材料等。

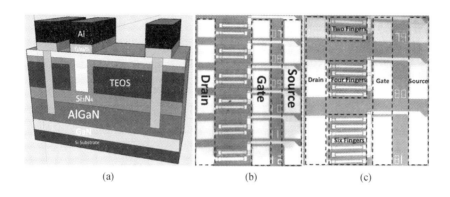

(a)　　　　　　　　(b)　　　　　　　　(c)

图 2 - 4　高电子迁移率晶体管（2）

资料来源：于洪宇教授课题组。

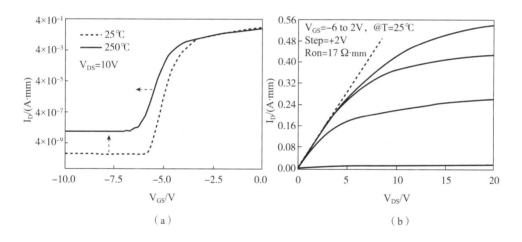

（a）　　　　　　　　　　　　（b）

图 2 - 5　高电子迁移率晶体管（3）

资料来源：于洪宇教授课题组。

我国锂资源相对丰富，锂作为稀碱元素，主要分布于锂固体矿物和盐湖液体矿中，以全球锂矿床资源量估计，所有能够获得固体锂矿床锂金属资源量总计约389 万吨，所有能够获得卤水型锂矿床锂金属资源总计约 2160 万吨。我国的锂储量为 2043 万吨，基础储量 2782 万吨，储量占比为 25.61%，储量仅次于玻利维亚，锂资源相对丰富。锂最主要的应用为锂离子电池。镁锂系合金是迄今为止最轻的金属合金，可锻性优异，铝锂系合金强度和比模量高，两种金属主要用于航空和民用领域，被誉为"航天的宇宙合金"。锂化合物在玻璃陶瓷、石油化工、冶金、纺织、合成橡胶、润滑材料、医疗等传统领域得到了应用。锂离子电池使用范围最广，涵盖数码电子产品、电动汽车、新能源发电及智能电网等领域。

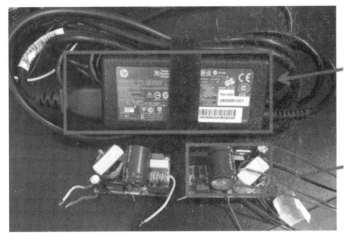

传统电源适配器

基于硅基氮化镓器件
高效袖珍电源适配器

图 2 - 6　袖珍电源适配器

资料来源：于洪宇教授课题组。

锂电池一般由五部分组成：正极材料、负极材料、隔膜、电解质、电池壳体等，圆形锂电池的结构示意图如图 2 - 7 所示。

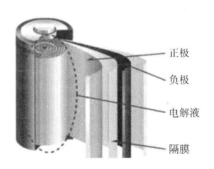

正极

负极

电解液

隔膜

图 2 - 7　圆形锂电池结构

料来源：北极星储能网。

新材料是电子信息、智能制造、新能源等多个领域发展的物质基础。作为国家七大战略新兴产业和"中国制造 2025"重点发展的十大领域之一，是整个制造业转型的产业基础。"十三五"规划将新材料划分为三个领域,分别是基础材料领域、关键战略材料领域、前沿新材料领域。基础材料领域,"十三五"期间将着力解决钢铁、有色、石化、轻工、建材、纺织等基础材料产业产能全面过剩、产品结构不合理、高端领域无法实现自给三大突出问题,重点发展先进钢铁、先进有色金属、先进石化、先进轻工、先进建材、先进纺织 6 大类 25 个分类材料。关键战略材料领域,将从保障海洋工程、轨道交通、航空航天、核电、新能源等战略新兴产业,以及促进新一代信息技术、医疗卫生、电动汽车、智能制造等我国具有一定技术优势的产业发展出发,重点发展高端装备用特种合金、高性能分离薄膜、高性能纤维及复合材料、新能源材料、新一代生物医用材料、电子陶瓷、先进半导体、稀土 9 大类 32 个分类材料。前沿新材料领域,将重点发展石墨烯、3D 打印、超导、智能仿生 4 大类 14 个分类材料。其目的是为满足未来十年战略新兴产业发展,以及为制造业全面迈进中高端进行产业准备;并形成一批潜在市场规模在百亿至千亿级别的细分产业,为拉动制造业转型升级和实体经济持续发展提供长久推动力。

2.3 国际发展情况

国外在发展新材料产业方面已经抢先了一步。美国于 2014 年年底出台了《材料基因组战略规划》,明确发展生物材料、高温超导体等重点新材料,同时美国国防部、国家自然科学基金会等部门和机构还开展了石墨烯研发和产业化应用的研究;欧盟出台了"欧洲新材料研究规划"并于 2013 年启动了"石墨烯旗舰计划",确定了 13 个重点研发领域;俄罗斯也启动了"2030 年前材料与技术发展战略";日本、韩国、英国等也在石墨烯、3D 打印材料等方面投入了大量资金(见表 2 - 7)。德国作为主要发达工业国家之一,在传统技术和高技术领域有雄厚的实力,德国是世界第二大技术出口国,德国创新能力处于欧洲第一位。在激光、新材料、纳米、电子、生物、信息通信等技术领域,德国都具有国际一流水平。2010 年 7 月,德国联邦政府正式通过了《思想·创新·增长——德国2020 高技术战略》,这是继 2006 年德国第一个高技术战略国家总体规划之后,对德国未来新发展的探求。为此,联邦和各州政府一致认为:至 2015 年,用于教育和科研投入占 GDP 比重增至 10%,而经济—科学研究联盟将始终伴随高技术战略的实施过程。新战略还提出以 5 大需求领域开辟未来新市场,并重点推出 11 项"未来规划",积极营造友好创新环境。

表 2-7　全球主要国家新材料产业的相关政策的发展规划

主要经济体	新材料发展规划	重点方向
欧盟	地平线 2020 计划、欧洲冶金计划、尤里卡计划、第七科技框架计划等	着力推动催化剂、光学材料及光电材料、有机电子、磁性材料、仿生学、纳米生物技术、超导体、复合材料、生物医学材料及智能纺织材料十大领域的发展
美国	未来工业材料计划、国家纳米技术计划、光电子计划、光伏计划、下一代照明光源计划、先进汽车材料计划、建筑材料计划、材料基因组计划战略规划、先进伙伴制造计划、纳米材料研究战略等	保持全球新材料领域的全球领导地位，重点发展生命科学、信息技术、环境科学、航空航天和纳米技术
日本	科学技术基本计划、纳米材料计划、21 世纪之光计划、超级钢铁材料开发计划等	注重实用性，考虑环境、资源的协调发展；重点开发资源与环境协调性的材料以及减轻环境污染且有利于再生利用的材料
俄罗斯	2030 年前材料与技术发展战略等	一方面力求保持在航空航天、能源、化工等材料领域的领先地位；另一方面大力发展对促进国民经济和提高国防实力有重要影响的电子信息、通信设施、计算机产业等所用的关键新材料
韩国	新增长动力规划及发展战略、2025 规划	重点发展为了建立产业竞争力必需的材料及制造技术：高密度存储、生态、生物、纳米材料、碳材料、高性能结构材料等

资料来源：根据中国新材料产业发展报告、新材料产业期刊等资料整理。

　　除此之外，国外优势材料企业和相关科研机构还在前沿新材料领域积极进行专利布局，以石墨烯为例，三星电子石墨烯专利申请数量全球第一，IBM、LG、东芝、索尼、诺基亚等企业，以及莱斯、普林斯顿、成均馆大学等都掌握了大量核心专利。跨国新材料巨头企业在全球范围内扩张，部分新材料产业链向亚太地区转移也将带动中国新材料产业发展。

2.4 国内发展情况

我国新材料行业发展势头十分强劲。"十二五"以来，我国新材料产业规模不断扩大，创新能力逐步提升，产业体系日益完善。在国家和地方政府的大力推动下，新材料产业发展步伐明显加快，取得了一批有国际影响力的创新成果，培育了一批骨干企业，打造了一批特色产业集群，在支持重大工程建设和国民经济发展中起到了积极的作用。

我国的材料行业具有基础雄厚、产业技术不断提高和区域布局特色逐步形成的特点。长三角地区、京津冀地区、珠三角地区等多地区各有侧重、协调互补。同时，围绕新材料产业发展及"一带一路"机遇进行了深入交流，多省市也相继出台了针对某种特定新材料的发展规划和强有力的专项扶持政策（见图2-8）。例如，目前珠海经济技术开发区正充分利用现有产业基础确立了以先进装备制造、清洁能源、石油化工和港口物流为主导的现代产业体系，大力建设以新材料为重要组成部分的区域创新集群。

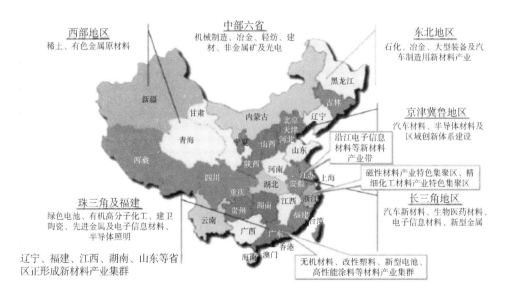

图2-8 中国新材料产业发展的初步格局

资料来源：公开资料整理。

自 2010 年以来，中国新材料产业规模一直保持稳步增长，由 2010 年的 6500 亿元增长至 2015 年的 20000 亿元左右（见图 2-9），年均增速保持在 25% 左右。在细分领域方面，特种金属功能材料占比约为 32%，高端金属结构材料占比约为 19%，先进高分子材料占比约为 24%，新型无机非金属材料占比约为 13%，高性能纤维及复合材料占比约为 9%，前沿新材料占比约为 3%（见图 2-10）。

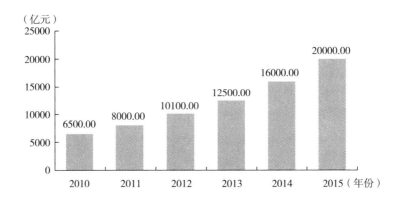

图 2-9　2010～2015 年新材料产业规模

资料来源：九次方大数据。

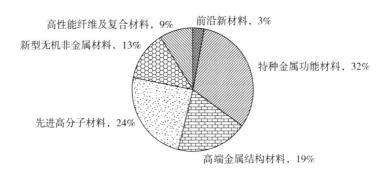

图 2-10　2015 年中国新材料产业结构

资料来源：九次方大数据。

2.4.1　长三角地区

宁波新材料产业涉及面与行业分布比较广泛，在各个方面已经形成了产业优势：一是在磁性材料方面，宁波拥有了以韵升和科宁达为代表的一批龙头企业，并已成为国际著名、全国最大的钕铁硼生产基地和贸易中心。二是在高分子材料方面，宁波拥有了天安生物、大成新材料等一批创新型实力型企业，并已成为世界上最大的生物降解树脂生产基地和全国重要的新化纤材料生产基地。三是在高性能金属材料方面，宁波是目前全国重要的铜带棒和粉末冶金机械零件制造基地，其中东睦集团则是国内最大的粉末冶金机械零件制造商之一，兴业铜业的高精度锌白铜带已占国内市场的70%。四是在电子信息材料方面，拥有了以杉杉科技、立立电子为代表的一批优势企业，已经成为我国重要的大功率锂离子电池负极材料生产基地。

上海新材料产业领域中（见图2-11），新型无机非金属材料、高性能纤维及复合材料、前沿新材料占11.4%，新型金属材料占33.4%，先进高分子材料占54.2%。全市规模以上新材料企业521家，先进高分子材料和新型金属材料优势明显，总占比约为新材料产业的90%。

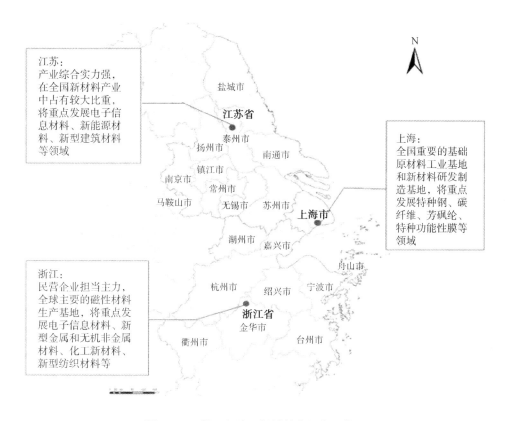

图2-11 长三角地区新材料产业发展状况

资料来源：中国新材料产业地图白皮书（2012）。

2.4.2 珠三角及东南沿海地区

福建石墨资源储量丰富，目前已探明石墨矿产地 15 处，储量超过 300 万吨，主要分布在三明、龙岩、南平等地。其中，永安是我国南方主要的石墨储藏地。此外，福建石墨烯产业体系初具雏形，在石墨烯生产设备、石墨烯制备、电池电极材料、防腐涂料和环保材料等领域已经涌现出 40 多家具有一定实力的企业，全省石墨烯专利申请量超过 400 件。

在广州，新材料产业是黄埔区、广州开发区四大 500 亿级产业集群之一。据了解，作为环保新材料国家火炬特色产业基地，该区已形成了以新型高分子材料等先进基础材料为主导，新型能源材料、电子信息材料等关键战略材料为发展新动能的环保新材料产业体系（见图 2－12），国内市场占有率高达 11%。其中，以金发科技为龙头的新型高分子材料产业是基地的第一大主导产业，集聚了 250 多家优秀企业，2016 年实现总收入达 540 亿元；新型能源材料产业主要集中于电池材料领域，聚集儒兴科技、天赐高新、鸿森材料等重点企业 20 余家，2016 年实现总收入 20.3 亿元。

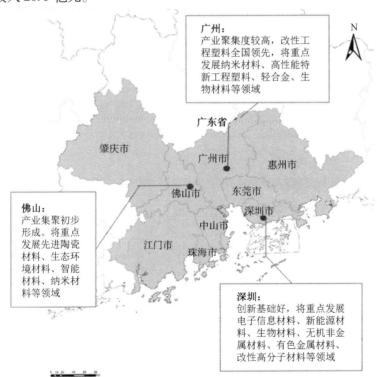

图 2－12 珠江三角洲新材料产业地区

资料来源：赛迪管理顾问（2011）。

在深圳，一批市场规模大、技术能力强的创新型企业已深度介入新材料应用领域，与新材料产业形成有效联动（见图 2 - 13）：光启拥有全球首条实现量产的超材料生产线，并已平稳运行 3 年，年产能达 10 万平方米；华讯方舟近期成功研发世界首块石墨烯太赫兹芯片；华为与曼彻斯特大学共同开发 ICT（信息、通信和技术）领域的下一代高性能技术，研究如何将石墨烯领域的突破性成果应用于消费电子产品和移动通信设备。近年来，深圳市新材料产业取得了令人瞩目的成果，产业规模由 2010 年的 590 亿元增至 2015 年的 1500 亿元。目前深圳新材料领域以高校和科研机构为依托的创新载体达 110 多家，上市企业近 40 家，国家高新技术企业超 400 家，新材料领域申报相关专利超过 1 万余件，编制或参与制定标准 400 多项。据深圳市新材料行业协会统计，2012 年深圳新材料产业规模约 850 亿元，约占全市工业销售产值的 4.13%；2013 年深圳新材料产业规模约 1020 亿元，约占全市工业总产值的 4.68%；2014 年产业规模约为 1200 亿元；2015 则达到了 1500 亿元，年增长率 20%。

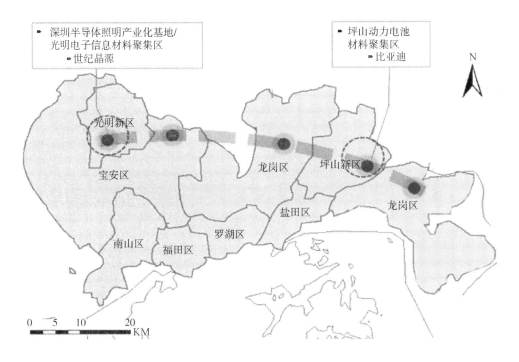

图 2 - 13　深圳市新材料产业布局示意图

资料来源：赛迪管理顾问。

2.4.3 北方地区

目前，北京石墨烯研究综合实力全国首屈一指，院所数量及研究人员数量占全国半数以上，拥有 20 多个包含院士在内的带头人和研发团队，2007～2015 年，石墨烯领域累计申请专利数达到 1187 项，单位 GDP 产出的专利申请量位列全国第一，一些领域实现国际领跑（见图 2 – 14）。在产业化领域也涌现出一批典型企业：中国航发航材院作为我国唯一面向航空、服务国防，专门从事材料研制、应用研究的大型专业化科研机构，是我国国防创新体系和国家创新体系重要组成部分，是我国"一五"计划建设的 156 个重点项目之一。中国航发航材院拥有60 个材料相关专业，7 个国家级、15 个省部级重点实验室和中心。通过近十年的努力，开创了 40 多个石墨烯创新应用的研究方向。同时，北京市政府高瞻远瞩，联合航材院、中国航发共同出资 10 亿元组建了北京石墨烯技术研究院有限公司；公司按照"前沿储备一批、工程化推进一批和产业化落地一批"的发展思路，联合航材院本部，努力在 10 个方面开展前沿技术探索研究、在 7 个方向

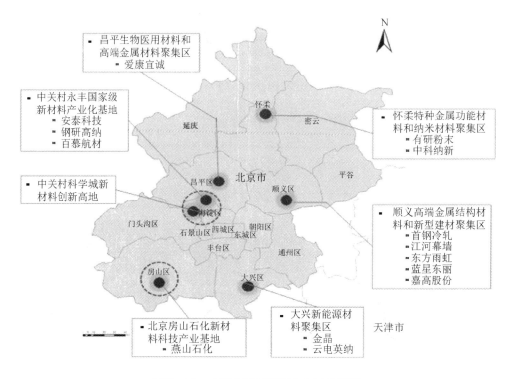

图 2 – 14　北京市新材料产业布局示意图

资料来源：赛迪管理顾问。

开展应用技术和工程化研究、在12个方向全面进行产业化落地。北京有色金属研究总院合肥基地总规划用地面积420亩。"有研粉末合肥新材料产业基地项目"作为一期投资率先启动，一期项目总投资10亿元，主要承担有研在金属粉末材料领域的产业化。一期项目建成达产后年产值预计20亿元，税收1亿元/年，解决就业500人。

济南新材料产业园成立体制机制创新试点改革领导小组，制定出台《体制机制创新试点工作实施方案》，按照"企业化管理、市场化运作、专业化服务"原则，围绕关系园区发展的"人""财""权"三大要素探索创新，破解发展难题。在用人分配机制方面，推行全员聘任和绩效考核管理制度，发放绩效薪酬。在财税管理体制方面，管委会实行单独核算，纳入区本级财政预算管理，成立国有控股公司，执行现代企业制度，创新资本运作，投入5000万元成立产业扶持引导基金，为园区企业科技研发和成果转化提供扶持；积极搭建银企合作平台，着力解决企业融资、贷款、担保难题，扶持园区企业发展。在行政管理体制方面，优化管委会部门职能配置，新组建8个职能部门，全面承接区级审批权限，区级权限之外的审批由园区建设与经济服务局承担，积极对接市审批中心，实行代办制，为企业提供全过程优质服务，管理与服务效能大幅提升。

在国家大力发展新材料行业的政策下，各企业也开始重点关注新材料、新设备的研究与开发。

（1）安泰集团。

安泰科技股份有限公司是以中国钢研科技集团有限公司（原国家级大型科研院所钢铁研究总院）为主要发起人，联合清华紫光（集团）总公司等单位发起成立的高科技股份有限公司。安泰科技以先进金属材料为主业，服务于战略性新兴产业，在非晶/纳米晶带材及制品、难熔材料及制品、粉末材料及制品、磁性材料及制品、焊接材料及制品、过滤材料及环保工程、高速工具钢及人造金刚石工具等领域，为全球高端客户提供先进金属材料、制品及解决方案。多年来，为我国国民经济发展、国防建设和航天航空事业的发展做出了重要贡献。表2-8为安泰科技国家级获奖成果，表2-9为省部级获奖成果。

表2-8　安泰科技国家级获奖成果

项目名称	奖项	年份
一种铁基非晶合金宽带及其制备方法	中国发明专利金奖	2014
稀土永磁产业技术升级与集成创新	国家科技进步二等奖	2014
纳米晶软磁合金及制品应用开发	国家科技进步二等奖	2008
高性能稀土永磁材料、制备工艺及产业化关键技术	国家科技进步二等奖	2008

项目名称	奖项	年份
GB - T13221—2004 纳米粉末粒度分布—X 射线小角散射法	中国标准创新贡献二等奖	2006
特型非晶合金软磁铁芯的材料及工艺的研制	国防科学技术三等奖	2005
千吨级非晶带材及铁芯生产线	国家科技进步奖二等奖	2003
千吨级非晶带材及制品	国家"九五"重点科技攻关计划重大科技成果	2001
YF - 75 液氢 - 液氧发动机多孔面板的研制	国家科技进步三等奖	1999
高稳定性稀土永磁材料与工艺	国家科技进步二等奖	1999
石油天然气输送用 X42 ~ X65 高韧性热轧板卷和焊管的生产技术	国家科技进步等奖	1998

资料来源：根据公开数据整理。

表 2 - 9　安泰科技省部级获奖成果

项目名称	奖项	年份
低合金钢焊接特性及焊接材料	中国机械工业科学技术奖	2015
绿色高效专业金刚石工具先进制备技术及产业应用	冶金科学技术三等奖	2014
LED 及石英玻璃行业用大尺寸、高性能钨制品开发	冶金科学技术三等奖	2014
组织调控超强稀土永磁材料工程化技术及应用	北京市科学技术一等奖	2013
组织调控超强稀土永磁材料工程化技术及应用	冶金科学技术奖一等奖	2013
高性能 TZM 钼合金制备及产业化	中国有色金属工业科学技术二等奖	2013
新型焊接材料药芯焊丝技术开发及产业化	北京市科学技术奖三等奖	2013
新型焊接材料药芯焊丝技术开发及产业化	冶金科学技术奖二等奖	2013
放射性医疗领域用钨基高比重合金叶片	冶金科学技术三等奖	2012
放射性医疗领域用钨基高比重合金叶片关键技术及产业化	北京市科学技术三等奖	2012
先进刀具涂层用大尺寸靶材的研制	中国有色金属工业科学技术奖三等奖	2012
计算机存储用多元合金靶材的研制	中国有色金属工业科学技术奖三等奖	2012
高韧高耐磨冷作模具钢 HYC3 研制	河北省科学技三等奖	2010
粉末注射成形技术研究与产业化	2006 年北京市科学技术二等奖	2009
高性能稀土永磁材料、制备工艺及产业化关键技术	北京市科学技术一等奖	2008
加氢裂化及加氢处理原料油过滤技术应用研究	中石化科技进步三等奖	2008
粉煤输送系统通气锥通气板开发研制	中石化科技进步三等奖	2008
纳米晶软磁合金及制品应用开发	冶金科学技术一等奖	2007
1450mm 可逆式六辊冷轧机研制与应用	冶金科学技术三等奖	2007

续表

项目名称	奖项	年份
高温煤气除尘工艺与设备的研究开发	陕西省科学技术二等奖	2004
千吨级非晶带材及铁芯生产线	北京市科学技术二等奖	2002
千吨级非晶带材及铁芯生产线	冶金科学技术奖一等奖	2002
非晶微晶合金在高频电源中的应用	北京市科学技术进步奖二等奖	2001
高速钢复合轧辊的研制	农业部科技进步二等奖	1999
汽车、摩托车燃油表用复合型黏结磁体的研制	国家冶金工业局科技进步三等奖	1999
重油催化裂化油家净化过滤系统与应用技术	中石化科技进步三等奖	1998
铁钴复合基稀土永磁材料及其制备工艺	国家冶金工业局科技进步一等奖	1998

资料来源：根据公开数据整理。

（2）综艺超导。

综艺超导科技有限公司是继美国之后国内唯一实现超导薄膜材料和超导滤波器工程化实施和规模商业应用的高新技术企业，是清华大学与综艺股份等多家股东共同投资创立的超导技术产业化平台。

综艺超导和清华大学密切合作，是国内一直从事高温超导薄膜研制的单位之一，目前制备的钇钡铜氧（YBCO）超导薄膜达到国际先进技术水平，已成功应用在自主研发的高温超导滤波系统中。综艺超导拥有的高温超导滤波系统及技术是降低移动通信噪声干扰，提高频率利用率，减少运营商成本特别有效的方法和手段。综艺超导拥有完全自主的知识产权，获得了数十项国际国内的专利，该技术的研究和实施得到清华大学"985""973""211"等多年重点支持，并获北京市科委和国家"863"重大项目的高强度支持，入选并建成了2008年奥运会科技奥运亮点工程。从2005年12月开始，综艺超导已经成功进行了产品中试，完成了在中国联通CDMA运营网络上的规模长时间稳定运行。

中国联通在北京市海淀区覆盖了十多万居民的应用是全国唯一的一个应用高温超导技术改进移动通信质量，提高环保和绿色通信水平的无线通信示范区域，经过近一年的实际运营使用，设备的性能优良，指标稳定，效果良好，手机的平均发射功率下降近一半，通话质量明显提高，具备了大规模应用的条件，是提高移动通信网络性能的理想设备和技术。综艺超导拥有国内一流的高精尖技术团队和具有多年从业经验的国际化管理团队，在高温超导滤波技术产业化推进过程中，以勇于开拓、精益求精、争创世界一流的精神，为我国的移动通信的发展贡献力量。表2-10为综艺超导近年来的科技发展成果。

表 2－10　综艺超导近年来科技发展成果

2007 年	5 月 20 日	公司获北京市高新技术企业称号（证书编号：0711008A24674）
	12 月 26 日	公司获 2007 年（第七届）信息产业重大技术发明奖
2009 年	1 月 25 日	综艺超导获得教育部技术发明一等奖
	11 月 25 日	公司获得高新技术企业证书（证书编号：GR200911001846）
2010 年	1 月 11 日	公司"微波通信用高温超导前端"获国家技术发明二等奖
2012 年	10 月 24 日	科技日报头版头条报道综艺超导的研究成果，标题是"我国高温超导应用研究取得重大突破，高温超导滤波系统实现规模商业应用"
2013 年	10 月	公司获得发改委重大项目支持，建设我国首个高温超导第四代移动通信应用示范基地

资料来源：根据公开资料整理。

（3）方大炭素。

方大炭素新材料科技股份有限公司总部位于甘肃省兰州市红古区海石湾镇。公司旗下拥有抚顺炭素有限责任公司、成都蓉光炭素股份有限公司、合肥炭素有限责任公司、成都炭素有限责任公司、抚顺莱河矿业有限公司、抚顺方大高新材料有限公司、吉林方大江城碳纤维有限公司、方大喜科墨针状焦科技有限公司等十余家子公司，形成了前所未有的产业优势，成为中国最大、世界前列的优质碳素制品生产供应基地，国内唯一的涉核炭材料科研生产基地。公司主要从事石墨及碳素制品、铁矿粉的生产与销售。其中，石墨及碳素制品主要包括超高功率、高功率、普通功率石墨电极；微孔炭砖、半石墨质炭砖、铝用炭砖和各种矿热炉用内衬炭砖；等静压石墨；特种石墨、生物炭、炭毡和炭/炭复合材料等。公司拥有独立、完整的供产销体系，在核心关键技术方面依法拥有自主的知识产权，独立享有所有权与使用权。目前，产品主要应用于冶金、化工、新能源、核电等领域。

（4）北京利尔。

北京利尔高温材料股份有限公司由成立于 2000 年 11 月 8 日的北京利尔耐火材料有限公司改制而成，位于北京市中关村科技园区昌平科技园，注册资本 10125 万元，拥有上海利尔和洛阳利尔两家控股子公司，北京利尔及其控股子公司均为国家高新技术企业。公司通过了 ISO9001：2008 质量管理、ISO14001：2004 环境管理及 GB/T28001—2001 职业健康安全管理体系认证。

北京利尔设有专门从事新产品开发的研发中心，拥有一支强大的技术开发队伍，其中享有国务院政府特殊津贴专家 2 人，教授级高级工程师 5 人，高级工程师 17 人。研发中心装备有扫描电子显微镜等先进的实验检验仪器设备。检测中心已通过中国合格评定国家认可委员会认可。多年来，公司取得了丰硕的科技成果，其中申请专利 21 项，获得授权专利 10 项，取得鉴定成果 10 项，拥有自主知识产权的核心技术 100 多项。

北京利尔是国内钢铁工业用耐火材料整体承包经营模式的首创者，是国内最大的钢铁工业用耐火材料整体承包商，同时也是产品品种最全、整体承包范围最广的大型耐火材料制造商之一。公司钢铁工业用耐火材料产品收入占总收入的 95% 以上，其整体承包业务收入占总收入的 68% 以上。

该公司设有专门从事新产品开发的研发中心，拥有一支强大的技术开发队伍，拥有自主知识产权的核心技术 100 多项。表 2 - 11 为公司近年来荣获的专利。

表 2 - 11　北京利尔近年来荣获的专利

2013 年	国家知识产权局颁发的发明专利证书 4 项，实用新型专利证书 1 项	一种免烧的连铸用整体复合塞棒制作方法、热风循环式高速等温调温燃烧器、一种低成本挡渣坝的制作方法、一种连铸中间包用透气上水口及其制备方法；实用新型专利：一种中间包永久衬的一次性振动成型装置
2014 年	国家知识产权局授予的一项实用新型专利证书	专利名称为"一种中间包冲击去挡渣墙"，该专利可以提供一种安装简便的中间包冲击去用挡渣墙，简化当前此处挡渣墙的施工安装方法，可更好地保护冲击区
2015 年	中华人民共和国国家知识产权局颁发的两项发明专利证书	一项为一种精炼钢包用无碳方镁石尖晶石免烧砖及其制备方法，专利号为 ZL201310050113.8，有效期为 20 年；另一项为一种钢包工作层防爆浇注料，专利号为 ZL201310050127.X，有效期为 20 年

资料来源：根据公开资料整理。

2.5　行业展望

从当前国家新材料产业政策的主要脉络（见图 2 - 15）来看，《中国制造 2025》是未来一段时期内引领我国制造业转型提升的总纲领性文件，新材料产业则是制造业转型提升的重要支撑和核心领域之一。《中国制造 2025 重点领域技术路线图》则是《中国制造 2025》的注解和细化。

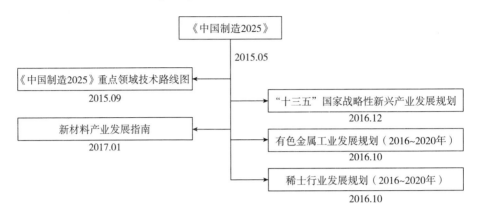

图 2－15 当前我国新材料产业政策的主要脉络

资料来源：五矿经济研究院。

国务院于 2016 年 12 月 19 日印发了《"十三五"国家战略性新兴产业发展规划》（简称《规划》），确立了到 2020 年，形成新一代信息技术、高端制造、生物、绿色低碳、数字创意 5 个产值规模 10 万亿元级的新支柱等发展目标。随着"十三五"国家战略性新兴产业发展规划出台，新材料领域将得到新的机遇和新的发展。"新材料是整个制造业转型升级的产业基础"。工信部原材料工业司副司长苗治民表示，培育和发展新材料产业任重而道远，需要各部门各级地方政府，新材料生产企业、用户单位、科研院所的共同努力。

另外，新材料产业指南明确指出，我们应具体朝先进基础材料、关键战略材料、前沿新材料三个方向展开，然后有色金属工业发展规划及稀土行业发展规划以国家新材料相关纲领文件为指导，提出要大力发展高端材料，并具体明确了相关的重点发展领域（见表 2－12 至表 2－14）。

表 2－12 新材料指南重点发展领域

发展方向	重点任务	重点领域
先进基础材料	推动生产过程的智能化和绿色化改造，提高先进基础材料国际竞争力	先进钢铁材料：基础零部件用钢、高性能海工用钢等； 先进有色金属材料：高强铝合金、高强韧钛合金、镁合金等； 先进化工材料：高端聚烯烃、特种合成橡胶及工程塑料等； 先进建筑材料、先进轻纺材料等

发展方向	重点任务	重点领域
关键战略材料	围绕新一代信息技术产业、高端装备制造业等重大需求，实现产业化和规模应用	特种合金：耐高温及耐蚀合金、高强轻型合金等； 高性能分离膜材料：反渗透膜、全氟离子交换膜等； 高性能纤维及复合材料：高性能碳纤维、芳纶纤维等； 稀土功能材料：高性能永磁、高效发光、高端催化等； 宽禁带半导体材料和新型显示材料； 新型能源材料、生物医用材料等
前沿新材料	加强基础研究与技术积累，加快实现突破，做好知识产权布局，逐步扩大应用	石墨烯、金属及高分子增材制造材料； 形状记忆合金、自修复材料、智能仿生与超材料； 液态金属、新型低温超导及低成本高温超导材料

资料来源：根据公开文件整理。

表 2－13 有色及稀土规划高端材料重点发展领域

重点类别	目标应用领域	发展重点
高性能轻合金材料	大飞机、乘用车、高铁、船舶、海洋工程等重大装备高端制造	铝合金材料、镁合金材料、钛合金材料
有色金属电子材料	新一代信息技术产业的集成电路、功能元器件等	大尺寸硅单晶抛光片、超大规格高纯金属靶材、高功率微波/激光器件用衬底及封装材料、红外探测及成像材料、真空电子材料等
有色金属新能源材料	储能与新能源汽车	大容量长寿命电池正极材料、硅碳/合金类负极材料、高性能铜箔和铝箔，低成本高质量电池级碳酸锂、三元前驱体等
稀有金属深加工材料	高端装备制造、战略性新兴产业以及国家重大工程	精密硬质合金及深加工制品、大尺寸钨钼板箔材、核级锆铪铍材、锑系复合阻燃材料等
其他金属功能材料	海洋工程、核电等高端装备制造	高性能耐蚀铜合金及管材，镍基高温耐蚀合金、羰基镍、羰基镍铁粉、镁基储氢材料，金纳米催化剂及粉体材料等
稀土材料	航空航天、轨道交通、海洋工程、工业机器人、数控机床等	高性能稀土磁性、储氢、晶体、发光、高频、抛光、轻合金等新材料

资料来源：根据公开文件整理。

表2-14 重要子行业市场规模及预测

行业	中国市场规模（亿元）			全球市场规模（亿元）		
	2015年	2020年	CAGR	2015年	2020年	CAGR
新材料	20000	49800	20%	100000	160000	10%
锂电池材料	2000	5000	35%	4400	8400	14%
电子材料	1400	2816	15%	7400	9444	5%
碳纤维	20	40	15%	150	265	12%
3D打印	50	280	40%	350	1400	35%
石墨烯	0.4	2.2	40%	3.1	18	42%

资料来源：根据公开文件整理。

我国经济步入新常态，供给侧改革循序渐进，产业结构深度调整，新技术、新业态、新模式层出不穷，对新材料产业发展提出了新的要求。面对新形势，我国新材料产业必须立足国情，以下游应用为牵引，以创新为驱动，提升新材料产业发展档次和质量，初步实现我国从新材料大国向强国的转变。

我国新材料的主要目标：一是推动新材料产业提质增效，质量和效益是产业发展的关键；二是构建新材料标准体系；三是加强特色资源新材料可持续发展；四是加强前沿新材料布局。为赢得前沿新材料的先发优势，我国不断加强前沿新材料的基础和应用研究，高温超导技术已经处于世界领先水平，纳米材料、生物材料应用规模不断扩大，石墨烯制备技术不断取得突破。

参考文献

姜蒙：《兵团两家国家级经济技术开发区揭牌》，《兵团建设》2015年。

金科：《中国创新创业大赛浙江赛区拉开帷幕》，《今日科技》2013年第5期。

黄文传：《连云港新材料产业发展情况分析》，《江苏科技信息》2011年12月。

吴卓智：《自制石墨弯面平台石墨管》，《环境监测管理与技术》2004年第4期。

杨合湘：《我国新材料产业发展状况及前景分析》，《中国经贸导刊》2004年第4期。

周锦帆：《聚光科技（杭州）股份有限公司简介》，《中国检验检疫》2012年第2期。

何良兵：《深圳市酒类行业协会》，《特区经济》，2013年。

韩向宏：《新材料产业基地的行业支撑作用》，《高科技与产业化》2012年第2期。

姜家文：《有色金属新材料的发展现状及项目风险管理研究》，《中国科技博览》2013年第6期。

李建峰：《灾难性新闻报道的媒体责任》，《今传媒》2012年第10期。

艾文：《国务院通过〈"十二五"国家战略性新兴产业发展规划〉》，《工程机械》，2012年。

杨晓蔚：《高端轴承制造的关键技术》，《金属加工（冷加工）》2013年第6期。

赛迪顾问：《中国新材料产业地图白皮书》，中国电子信息产业研究院，2012年。

2017最具创新力新材料企业排行榜［DB/OL］. http：//www. ecorr. org/news/industry/2017－09－06/1668.

2017最具创新力新材料企业排行榜——一路上的风景—新浪博客［DB/OL］. http：//blog. sina. com. cn/s/blog_6ae581250102wrsn. ht.

［转］我国新材料产业发展状况及前景分析_Henry_G_Fox_新浪博客［DB/OL］. http：//blog. sina. com. cn/s/blog_48a6fcea01000apf. ht.

新材料产业"十三五"规划将出_中塑在线_新浪博客［DB/OL］. http：//blog. sina. com. cn/s/blog_70cfcfc40102widi. ht.

安泰科技_【有研粉末】电解铜粉│锡粉│铜合金粉│低松比铜粉│雾化…［DB/OL］. http：//www. gripm. com/html/2015123166. html.

【河南超硬材料企业名录│河南超硬材料公司黄页】–黄页88网［DB/OL］. http：//b2b. huangye88. com/henan/chaoyingcailiao/.

郑州华晶金刚石股份有限公司［DB/OL］. http：//www. sinocrystal. com. cn/.

［财经］方大炭素最新消息方大炭素（600516）规模发展解…_南方财富网［DB/OL］. http：//www. southmoney. com/caijing/gushipinglun/201.

方大炭素：2016年营收23.95亿元生产石墨碳素制品16万吨_中国电池网［DB/OL］. http：//www. itdcw. com/news/focus/041W613R017. html.

方大炭素（600516）—石墨电极亚洲龙头，业绩拐点凸显_李…_中金在线［DB/OL］. http：//blog. cnfol. com/stockbooking/article/1500252.

年季报表｜方大炭素今年上半年营收 18.13 亿元生产石墨碳素…_搜狐〔DB/OL〕．http：//www.sohu.com/a/166593672_263887.

2017 年浙大、中南大学、上海交大、北科大等高校新材料 10…_搜狐〔DB/OL〕．http：//www.sohu.com/a/212128805_481408.

#有材有料#第 2 期｜北理大发现金属有机骨架材料滤除 PM2.5 高达 99.5%〔DB/OL〕．https：//www.bilibili.com/video/av8766120/.

2017 年国内高校新材料 10 大技术突破，每一项都可能颠覆未来〔DB/OL〕．http：//www.360doc.com/content/18/0105/21/48074893_.

上海新材料产业步入了创新突破关键期 – 《上海化工》2017 年 3 期 –…〔DB/OL〕．http：//mall.cnki.net/magazine/Article/SHHG20170300.

【行业动态】世界各国陆续出台新材料产业发展政策：德国 & 俄…_搜狐〔DB/OL〕．http：//www.sohu.com/a/154439134_99896440.

新材料行业专家齐聚一堂探讨产业发展新机遇_新闻频道_中华网〔DB/OL〕．http：//news.china.com/finance/11155042/20171027/31.

广州市成立新材料产业发展促进会_金羊网新闻_网易新闻〔EB/OL〕．http：//news.163.com/17/1020/16/D172A02V00014AEE.ht.

广州市新材料产业产值 2019 年年底目标为 3600 亿元_搜狐新闻_搜狐网〔EB/OL〕．http：//www.sohu.com/a/199568309_161795.

深圳离石墨烯等新材料产业化之路还有多远？_中国电池网〔EB/OL〕．http：//www.itdcw.com/m/view.php?aid=68362.

聚焦前沿新材料：北京石墨烯产业创新中心正式成立_中…〔EB/OL〕．http：//www.zqcn.com.cn/qiye/xincailiao/201704/12/c.

经信动态 – 北京市经济和信息化委员会〔EB/OL〕．http：//www.bjeit.gov.cn/jxdt/mtbd/249204.hm.

济南新材料产业园全面优化发展环境中华人民共和国商务部网站〔EB/OL〕．http：//www.mofcom.gov.cn/article/difang/201703/201.

新材料加速突破和深入发展产业或将再上风口…_中国产业经济信息网〔EB/OL〕．http：//www.cinic.org.cn/xw/schj/409996.html.

"高质量第三代半导体材料关键技术"取得突破〔EB/OL〕．http：//www.most.gov.cn/kjbgz/201803/t20180320_138682.htm.

3 基因测序产业

石 琦

3.1 行业重要性

基因测序是指通过测序设备对 DNA 分子的碱基排序顺序进行的测定。基因测序为个体提供连续的基因大数据，包含了生物体全部的遗传信息，快速和准确地获取这些信息对于生命科学研究和医疗产业的发展具有十分重要的意义，是窥探生命密码的第一步，也是实现"精准医疗"的重要前提条件。精准医学依据患者个人 DNA 信息，为其提供定制化的最优医治方案；传统医学是根据病症判断治疗。相比而言，前者将实现精准医疗，副作用程度也将显著减弱。根据 BBCResearch 的预测，2018 年全球基因测序市场规模将达 117 亿美元，未来四年年复合增速将达 21%，中国基因测序市场增速将达 20% 以上，为全球增速最快的地区之一。

目前，测序技术正逐渐被应用到从无创产前筛查到肿瘤基因疾病检测以及个性化用药等整个健康医疗行业中。基因测序的整个行业链，从上游的测序仪及相关耗材提供商、中游的测序服务提供商到下游的生物信息分析提供商都面临爆发式的增长机遇。

我国企业主要位于产业链的中下游，且近几年纷纷加大投入，加快发展。有的企业在向上游仪器和耗材领域延伸，有的在整合资源、培育市场，而那些还没有在基因测序领域布局的生物技术公司则在积极地寻求转型，希望找到产业链中合适的切入点，占得基因测序产业中的一席之地。

3.2　行业关键技术

20 世纪 70 年代中期，Maxam 和 Gilbert 通过化学降解法测定了 DNA 序列；同时 Sanger 也发明了双脱氧链终止法。第一代技术的基础就是 1977 年 Sanger 等人发明的链终止法或 Maxam 和 Gilbert 发明的链降解法。第二代 DNA 测序技术兴起于近几年，是目前市场上主流的测序技术，测量通量、检测成本与第一代相比都有了显著的进步。第三代、第四代测序技术在准确性、检测速度方面都有明显提高。

表 3 - 1　基因测序技术

基因测序技术	名称	测序方法	优点	缺点	应用领域
第一代	双脱氧链末端终止法	Sanger/ABI3730	变异检测准确度高；结果更清晰；可读长度增加；使用广泛	分析基因片段数量有限；等待结果时间长；成本高	应用于医学测序、健康管理和基因潜力开发的精准检测；为二代测序和芯片测序验证；亲子鉴定或法医鉴定
第二代	NGS	包括 454/GSFLX Titanium Series；Solexa/illumina Hiseq X Ten；Solexa/illumine Hiseq 4000；SoliD/SoliD 5500xl W system；Ion Torrent/Ion Proton System 318 chip	通量提高、高准确率、检测识别范围增大	读长短（200bp ~ 500bp）	通过检测基因突变对肿瘤进行诊断；建立合适的靶向治疗；靶向测序技术
第三代	单分子 DNA 测序	包括 Tsms/Helicos Genetic Analysis System；SMRT/Pac Bio Bioscience；Nanopore/Oxford Nanopore Minlon	可读通量增加；结果等待时间短；可识别表观修饰位点	检测前步骤复杂；读长有待增加；错误率有待降低	基因组测序；甲基化研究；突变鉴定（SNP 检测）；RNA 测序；重复序列和 poly 结构的测序、医学领域等
第四代	单分子纳米孔测序	纳米孔测序技术	成本更低；单分子测序，测序读长长（超过 150kb），测序速度快，测序数据实时监控，机器方便携带	存在非随机的序列错误；缺少碱基修饰检测的内参训练	检测单链 DNA；检测双链 DNA 片段；单分子蛋白质测序；即时检测传染源；非整倍体检测；太空应用等

资料来源：根据公开数据整理。

3.3　国际发展情况

　　全球基因测序领域的专利申请在 1980 ~ 1985 年为萌芽阶段，在 1985 ~ 1995 年缓慢增长，在 1995 ~ 2000 年爆破式增长，2000 ~ 2013 年发展遇到"瓶颈"，先陡然下降后又加速增长。该测序应用的发展趋势基本上与基因测序技术的发展相一致。

　　从专利申请方来看，美国一直处于基因测序领域专利申请的榜首，拥有 2341 项专利申请，占总申请量的 71.4%。英国拥有 198 项专利申请，占据专利申请第二位；中国以 181 项申请位列第三。韩国专利申请量占全球总申请量的 4.1%，位居第四。欧洲、日本、德国紧随其后。从专利技术布局地来看，专利申请目的地为美国的数量为 2564 项，是以中国为专利布局地的 4 倍多，是进入西班牙专利量的 20 余倍。欧洲、日本位居第二和第三。澳大利亚和中国也是技术输出的主要国家。由于地理位置的优势，加拿大和西班牙成为美国和法国专利的主要输出国。从基因测序产业链发展概况来看，美国依然稳居榜首，拥有 69270 项与基因测序技术相关的专利申请，表明美国基因测序行业发展趋于成熟，产业链延伸较长。中国和日本分别以占全球 13.2% 和 12.7% 的申请量位列第二和第三，均向产业链中下游延伸，探索潜在商业机会。欧洲、韩国、英国与基因测序相关的专利申请数量差异较小，位居其后。

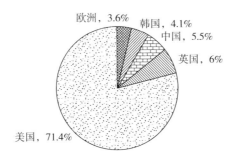

图 3 - 1　基因测序技术领域国家/地区产出量分布情况示意图

资料来源：中国知网数据。

　　从基金测序技术的应用领域来看，肿瘤基因检测专利申请的发展经历了四个阶段：1972 年以前，肿瘤基因检测处于萌芽阶段。20 世纪 50 年代初，DNA 的双螺旋机构被人类确定，自此，基因和肿瘤的关系才逐渐进入人们的视野。1973～1995 年，随着第一代基因测序技术的产生以及基因测序仪器的发明，肿瘤基因检测的研究技术有了明显的突破。1996～2004 年，与肿瘤检测有关的基因测序专利申请量呈现爆发式的增长，人类开始对基因和肿瘤的关系产生了科学的认知和新的研究思路。随后，专利申请量有所下降，这是因为生命的运转是复杂、多层次的，除去人们已有的认知，蛋白水平、遗传等问题还需要人类的进一步努力。从 2005 年至今为平稳增长阶段，人类对生物科学的认识延伸到"蛋白质组""脂质组"，并进行了更加精细的学科分化，同时，第二代测序技术的推广使涉足基因测序领域的研究机构、公司等的数量逐渐增多。无创产前专利申请的发展经历了两个阶段：1987～2005 年为萌芽阶段，年平均专利申请量不足 10 项，美国处于领先位置；2006～2012 年，无创产前专利申请量呈现波动性上升态势，后三年专利申请量快速增长，这个阶段的申请数量仍以美国领先。

3.4 国内发展情况

近年来，基因测序行业发展迅速，随着行业逐步成熟，2016 年我国基因测序行业的用户需求为 60 亿元左右；预计两年后将超过百亿元人民币，年复合增长率为 20%～25%，位居全球前列。

3.4.1 肿瘤检测技术

2015 年，中国新发恶性肿瘤病例约为 429.2 万例，根据临床治疗经验，人体肿瘤随不同个体、不同部位而有所差异，而对于同一部位的肿瘤，不同个体所需的医治方案也不尽相同，"个性化治疗"由此产生，精准医治将会显著提高肿瘤治疗的效果，并降低其副作用。数据显示，现阶段化疗总体有效率在 30%～40%，而基于基因检测的结果进行医治的有效率在 80% 左右。1988 年，针对 HER2 高表达的乳腺癌的特异性药物曲妥单抗上市，它检测方式的基础是免疫组织学，越来越多的不同肿瘤中的不同标志物被人们发现，有针对性的药物也随之增多。肿瘤标志物中，可以分为基因水平以及蛋白水平的检测。前者包括染色体水平（拷贝数、易位、倒置等）、转录水平（mRNA 等）和表观遗传学水平（甲基化检测等）；后者的检测包括以抗原－抗体结合的免疫学检测和双向电泳、质谱的检测。

随着基因分子水平研究的深入，研究者发现了更多的肿瘤细胞信号通路，通路中的特定基因的扩增、突变、表达状态与靶向，能有针对性地为每一位患者制定出恰当的方案，从而最大限度地提高治疗的准确率，降低副作用。

现代分子病理学的研究渐渐揭开了肿瘤发生、发展的机理，即诸多因素可导致细胞基因（DNA）损伤或改变，因而产生的突变可影响正常细胞的生长与分裂。一旦遗传信息的改变突破了细胞自身的复制限制，细胞获得永生性，同时机体产生不需要的新细胞。这些额外的细胞形成一种组织——肿瘤。因此，在肿瘤的发展过程中，基因改变起到非常关键的作用。自 2003 年 4 月人类基因组计划完成以来，人类对肿瘤发生机制、预防、诊断、治疗上的认知有了巨大的进步。这些进步归功于肿瘤分子生物学研究在以下领域所取得的成就，如基因遗传改变（基因拷贝数改变、单核苷酸变异、启动子甲基化）、miRNA、基因表达、选择性剪接、染色体重组、信号通路、外显子组、全基因组关联研究以及测序技术、信息学与微阵列技术上的进步。

肿瘤标志物又称肿瘤标记物，是特异性存在于肿瘤细胞，或由肿瘤细胞异常产生的物质，或是宿主对肿瘤的刺激反应而产生的物质，并能反映肿瘤发生、发展，监测肿瘤对治疗反应的一类物质。肿瘤标志物存在于肿瘤患者的组织、体液和排泄物中，能够用免疫学、生物学及化学的方法检测到。肿瘤标志物的出现以及迭代是与检测技术相关联的，从最初的染色法（如 HE 染色）到免疫检测（如免疫组化），从抑制性差减杂交到双向电泳，从毛细血管点用到基因芯片再到全基因组关联分析。肿瘤标志物发展从基因组到蛋白质组，从表达谱到非编码序列。随着技术的进步，不同的肿瘤标志物也在迭代更新，正如遗传图谱绘制中使用的遗传标记一样，不同技术水平的发展带来了相应的肿瘤相关标志物，如限制性酶切片段长度多态性、微卫星不稳定以及单核苷酸多态性。当然还有设计在染色体水平和答案白表达谱水平的标志物，如 CNV、基因重排以及蛋白表达量高低的改变。

肿瘤基因检测的重要性非同小可，随着检测技术的发展，更为灵敏和特异的肿瘤标志物或其组合将会被发现，并将用于指导临床治疗，而按照基因检测的结果进行癌症的分类渐渐被临床所接受。迄今为止，癌症基因检测主要通过实时荧光定量的技术实现，它的优点有高灵敏、易操作、高通量、范围广等。所以，在性化的趋势下，肿瘤的基因检测将越来越受到重视。

以中国知网专利数据库作为数据来源，对涉及"肿瘤基因检测"的专利文献进行全面搜索。检索截止日期为 2017 年 12 月 30 日。

3.4.2　无创产前技术

常规的产前诊断技术需要通过穿刺（绒毛穿刺、羊膜腔穿刺及脐静脉穿刺）的方法取得胎儿的组织进行遗传学检测，而侵入性产前诊断存在 1% ~3% 的流

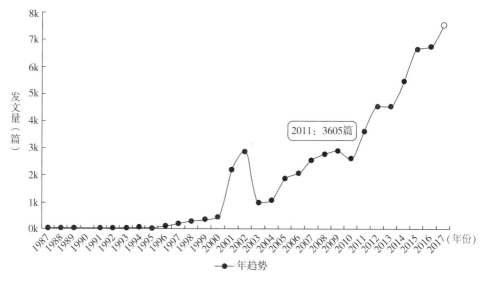

图 3 - 2　涉及"肿瘤基因检测"的专利文献

资料来源：中国知网专利数据库。

产风险，业内长久以来存在对安全的、非侵入性产前诊断的需求。最初研究的焦点曾集中于分离母血中存在的胎儿有核细胞并用于检测，但因其含量过低而常常难以达到必需的检测敏感度和特异性。自 1994 年由 Lo 等证实孕妇外周血中存在胎儿游离 DNA 开始，NIPT 的对象开始由胎儿有核红细胞转向来自胎儿的游离核酸，因为这种胎儿的游离核酸在血浆中的占比相对于前者存在的比例已经有了较大提高。胎儿游离 DNA 最初仅被用于胎儿性染色体偶联疾病、先天性肾上腺皮质增生症以及 RhD 血型状态和遗传自父亲的地中海贫血突变基因型的检测。

胎儿染色体非整数倍疾病是一种高发的疾病，如唐氏综合征、13 - 三体、18 - 三体、21 - 三体，因此对于高发遗传疾病的检测自然成为 NIPT 关注的对象。

翁慧男（2015）以 2011~2013 年广东省妇幼保健院就诊的孕妇为实验对象，经分析发现，无创产前基因检测 21 - 三体综合征、18 - 三体综合征和 13 - 三体综合征的准确度分别为 92.9%、100% 和 100%。邱丽影（2015）对 543 例孕妇进行无创产前基因测序，发现其结果与基因检测完全相符，得出无创基因检测技术在唐氏筛查中的应用准确性高、更为安全、风险值低。王莉芬（2016）以 1161 例孕妇为研究对象，发现无创产前基因检测对 22、18 - 三体综合征的敏感度为 100%，准确率为 100%，13 - 三体综合征假阳性率 0.09%，认为可以作为传统产前检查的有效补充。吴琦嫦（2017）对 11118 例孕妇的无创产前基因检测结果进行回顾，发现无创产前基因检测技术对于高龄孕妇和筛查高风险或临界风险的孕妇来说，是一种常规产前检测技术的有力辅助。这种检测需要能在母体血浆中特异性靶向胎儿游离核酸，同时还能对胎儿的致病染色体数有效定量，所以相对于前述最初疾病的监测存在更多困难。为此，研究人员开始寻找胎儿染色体上特异性的标记物以实现靶向检测，另外也尝试采用数字 PCR 单分子计数以定量染色体数的改变来解决此问题。但是，数字 PCR 的方法却常因可被用于检测的胎儿游离核酸量过低，而导致对微量染色体数目异常的判定极为困难。此外，胎儿非整倍体检测中还存在的一个问题是这种统计计数的方式需要考虑胎儿核酸与母体合算的浓度比例，这一点对检测方法精度提出了很高要求，并使数字 PCR 难以克服。

第二代高通量测序由于可同时针对百万以上的单分子多拷贝 PCR 克隆阵列检测，从而为微量的胎儿游离 DNA 的染色体定位提供了机会。2008 年 Quake 和 Lo 两个小组分别使用第二代高通量测序技术，对孕妇外周血血浆进行测序，成功验证了以高通量测序对 21 - 三体综合征胎儿检测的可行性。此后，借助于第二代测序技术的发展，产业上最为成熟的 NIPT 项目就是针对胎儿染色体非整倍性进行的。

目前无创产前基因测序产业链包括仪器供应和材料试剂、基因测序服务以及结果数据分析等。其中 NIPT 技术中心最核心的硬件平台，即第二代基因测序平台主要由 Illumina 的 HiSeq2000/2500 与生命科技公司的 Ion Proton 包揽。我国国内企业在测序仪器研发方面也有很大的进步，华大基因在 2013 年完成了对 Complete Genomics 的全额收购并借此开发测序仪；中科紫鑫与中科院北京基因组所设计了测序仪原理样机并完成验收工作和产品研发；2012 年生命科技公司和达安基因合资成立了菲达安公司，合作开发新一代试剂盒；山东威高、南京浦东星和深圳华因康也都积极在这一领域行动，预计未来国内的研发竞争会更加激烈。

"无创产前基因检测技术已经很成熟，但目前全国无创产检的覆盖率不足 20%，市场需求非常大。"华大基因方面表示，截至 2017 年上半年，华大基因进行的无创产前基因检测个例已突破了 220 万。

3.4.3 中国基因测序政策与专利

表 3 - 2 我国基因测序相关政策一览

时间	政策名称	监管部门/组织	内容要点
2014.1	《关于基因分析仪等 3 个产品分类界定的通知》	CFDA	1. 基因测序仪划为Ⅲ类医疗器械管理的产品； 2. 测序反应通用试剂盒（测序法）划为Ⅰ类医疗器械管理产品； 3. 胎儿染色体非整倍体（T21、T18、T13）基因检测（测序法）Z 值计算软件为需视情况确定类别的产品

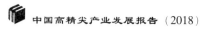

时间	政策名称	监管部门/组织	内容要点
2014.2	《关于加强临床使用基因测序相关产品和技术管理的通知》	CFDA/国家卫计委	1. 未获准注册的医疗器械产品，不得生产、进口、销售和使用； 2. 包括产前基因检测在内的所有医疗技术需经国家食品药品监管部门审批注册，并经国家卫生计生行政部门批准技术准入方可应用； 3. 国家卫计委负责基因测序技术的临床应用管理； 4. 在相关的准入标准、管理规范出台以前，任何医疗机构不得开展基因测序临床应用，已经开展的，要立即停止
2014.3	《第二代基因测序诊断产品批准上市》	CFDA	1. 国家食品药品监督管理总局首次批准注册第二代基因测序诊断产品； 2. BGISEQ-1000 基因测序仪、BGISEQ-100 基因测序仪和胎儿染色体非整倍体（T21、T18、T13）检测试剂盒（联合探针锚定连接测序法）、胎儿染色体非整倍体（T21、T18、T13）检测试剂盒（半导体测序法）医疗器械注册
2014.12	《开展高通量基因检测技术临床应用试点工作的通知》	国家卫计委医政医管局	1. 确定了第一批高通量测序技术临床应用试点单位； 2. 开展遗传病诊断、产前筛查与诊断、植入前胚胎遗传学诊断 3 个专业点的试点工作
2015.1	《开展高通量基因检测技术临床应用试点工作的通知》	国家卫计委妇幼保健服务司	1. 审批通过了 109 家医疗机构并展高通量基因测序产前筛查与诊断（NIPT）临床试点； 2. 其公布的试点单位全为具有产前诊断资质且通过国家卫计委试点评审的医院
2015.3	《第一批肿瘤诊断与治疗项目高通量基因测序技术临床试点名单》	国家卫计委	北京市、上海市、湖南省、浙江省、广东省有多家医疗机构和第三方检验实验室入选
2015	《国家发改委关于实施新兴产业重大工程包的通知》	国家发改委	强调了重点发展基因检测等新型医疗技术，快速推进基因检测临床应用以及基因检测仪器试剂的国产化，3 年内建设 30 个基因检测技术示范中心，以开展遗传病和出生缺陷基因筛查为重点，推动基因检测等先进健康技术普及惠民，引领重大创新成果的产业化

续表

时间	政策名称	监管部门/组织	内容要点
2016.3	《"十三五"规划纲要》		"纲要"提出医疗健康领域需加快发展合成生物和再生医学技术,生物产业产值要倍增,"八个方面"推进健康中国建设,包括加速推动基因组学等生物技术大规模应用,建设网络化应用示范体系,推动个性化医疗、新型药物、生物育种等新一代生物技术产品和服务的规模化发展,推进基因库、细胞库等基础平台建设
2016.3	《国家重点研发计划2016年度项目申报指南》	科技部	其中"精准医学研究"作为其中之一被列入优先启动的重点专项,指南中明确提出:要通过对单细胞组学技术的研发,建立单细胞的高通量快速分离、捕获、提取及测序技术,从而深入推进单细胞技术在重大及罕见疾病临床研究和治疗中的应用
2016.4	有关复函	国家发改委	批复在全国建设27个基因检测技术应用示范中心,从国家战略层面上加速推动我国基因产业规范化和跨越式发展,旨在大力发展基因检测技术,提高出生缺陷疾病、遗传性疾病、肿瘤、心脑血管疾病、感染性疾病等重大疾病的防治水平,全面提高人口质量
2016.8	《"十三五"国家科技创新规划》	国务院	《规划》共提及"医药"一词20次,涉及了精准医疗、基因编辑、免疫治疗、干细胞等多个热门领域。同时,《规划》指出要加速推进我国由医药大国向医药强国转变,重点部署前沿共性生物技术、新型生物医药、再生医学等引领性技术的创新突破和应用发展,提高生物技术原创水平
2016.10	《医学检验实验室基本标准(实行)》	国家卫生计生委	其中规定:开展产前筛查与产前诊断项目的实验技术人员应具备产前筛查与诊断的相应资质。开展二代基因测序项目的,至少有1名生物信息分析专业技术人员;开展遗传相关基因检测项目的,至少有1名医学遗传学专业人员
2016.10	《国家卫生计生委办公厅关于规范有序开展孕妇外周血胎儿游离DNA产前筛查与诊断工作的通知》	卫计委	其中对开展产前筛查和诊断的机构、人员及设备试剂做出了新的要求

续表

时间	政策名称	监管部门/组织	内容要点
2016.11	《医药工业发展规划指南》	国家工信部、国家发改委、科学技术部、商务部、国家卫生和计划生育委员会、国家食品药品监督管理总局	医疗器械向智能化、网络化、便携化方向发展。支持基因测序、肿瘤免疫治疗、干细胞治疗、药物伴随诊断等新型医学技术发展，完善行业准入政策，加强临床应用管理，促进各项技术适应临床需求，紧跟国际发展步伐
2017.1	《"十三五"生物产业发展规划》	国家发改委	明确了基因检测能力覆盖50%以上出生人口的目标，强调了以个人基因组信息为基础，结合蛋白质组、代谢组等相关内环境信息，整合不同数据层面的生物学信息库

资料来源：根据公开数据整理。

经查阅，我国基因测序领域相关专利7282件，其中发明专利7235件，实用新型专利47件。观察中国基因测序领域专利申请态势发现：2000年以后，专利申请量和公开量出现大幅增长，申请机构主要是国内研发高校和科研院，企业呈追赶态势。

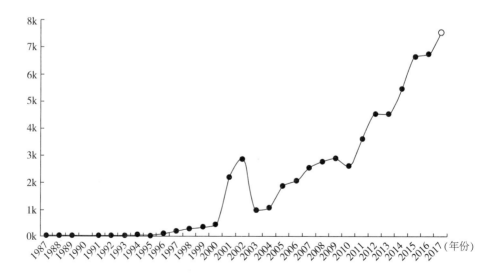

图3-3 中国基因测序专利申请数量
资料来源：根据公开数据整理。

与全球基因测序专利申请历史相比，我国基因测序领域相关专利申请出现时间较晚，直到 2000 年后基因测序、基因诊断等技术拥有了临床试验的基础后才出现大幅增长的现象。

　　高通量测序技术是目前基因测序领域技术研发中采用的主要手段，其中包括第二代测序技术和第三代测序技术。2009 年后，高通量测序技术逐渐发展成熟，国内申请量经历了小幅增长后随即大幅增长。有关国内高通量测序相关专利申请的省市分布如图 3-4 所示，广东省以 93 件专利申请排名第一，北京和上海紧随其后。广东省的专利申请主要来源于以华大基因、达安基因为代表的基因测序服务企业，而北京和上海的专利申请主要来源于科研院校，这表明不同省市基因测序发展的引领方式和发展模式有所不同。由于测序仪器、试剂和信息处理需要大量的资金和高技术型人才，所以在经济发达、高校资源丰富的地区，基因测序的成果较为丰硕。

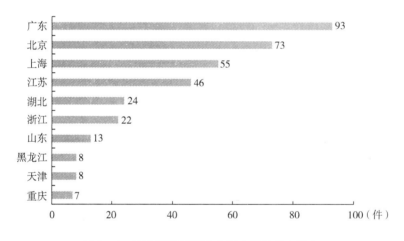

图 3-4　国内高通量测序专利申请的省市排名

资料来源：根据公开资料整理。

　　高通量测序技术的发展极大地带动了肿瘤检测技术的发展，我国也有部分测序领域的企业在肿瘤诊断领域开始了自己的尝试，其中就包括已经涉足无创产前检测领域的华大基因、内瑞和康、博奥生物、安诺优达和诺禾致源，肿瘤检测已经成为这些公司的另外一个业务支撑点。从专利申请量上看，华大基因在应用高通量测序的 NIPT 领域已经走在了中国乃至世界的前列，一共有 22 件专利申请，专利主题主要集中在算法方面。安诺优达在应用高通量测序的无创产前领域有 4 件申请专利，涵盖了文库构建、测序方法等技术，安诺优达自成立以来发展迅猛，为世界所瞩目。2017 年 11 月，中国多家机构联合完成了第三代单分子测序仪无创产前检测研究，这是我国完全自主研发的测序仪，也是全球迄今为止利用单分子测序技术进行无创产前检测的首个案例。

3.5 行业展望

根据 BBC Research 的预测，未来全球基因测序年市场增长率将达到 21%，中国基因测序市场增速将达 20% 以上，为全球增速最快的地区之一。精准医学未来将凭借其优势成为用户青睐的定制医疗模式，目前，测序技术正逐渐被应用到从无创产前筛查到肿瘤基因疾病检测以及个性化用药等整个健康医疗行业中。2015 年 10 月，国家公布了二孩政策，这将对基因测序领域带来有利影响，基因测序的整个行业链，从上游的测序仪及相关耗材提供商、中游的测序服务提供商到下游的生物信息分析提供商都面临着爆发式的增长机遇。

参考文献

邓和平、廖晓磊：《全球基因测序领域专利分析》，《中国发明与专利》2017年第 3 期。

林燕敏、门振华、陈业强、兰文军：《基因测序技术发展及生物医学应用》，《齐鲁工业大学学报》（自然科学版）2016 年第 5 期。

吴红月：《基因测序助推肿瘤治疗个性化时代到来》，《科技日报》2011 年第12 期。

翁慧男、梁嘉颖、曾伟宏、汤惠霞、孙怡、马将军：《无创产前基因测序在胎儿染色体非整倍体基因检测中的临床应用》，《国际检验医学杂志》2015 年第16 期。

王莉芬：《无创产前基因检测在产前筛查和诊断中的应用探讨》，《中国优生与遗传杂志》2016 年第 10 期。

吴琦嫦、孙丽、许亚松、田婕、杨小梅、孙世宇：《厦门地区 11118 例无创产前基因检测结果回顾性分析》，《中国优生与遗传杂志》2017 年第 1 期。

4 肿瘤免疫疗法和抗肿瘤药物

马维兰

4.1 行业重要性

随着经济的快速发展，人们生活水平有了极大的提升，但同样面临的是竞争加剧、生活压力不断增大，粗放型的经济发展带来了环境的急剧恶化，加上人口老龄化越来越严重，全球的癌症发病率正逐渐增多。世界卫生组织推测：到 2020 年，全世界每年将新增 1500 万癌症患者。目前我国恶性肿瘤发病率为 285.91 人/10 万，按此推算全国每分钟就有 6 人被诊断为癌症，每分钟有 5 人死于癌症。因此，在肿瘤治疗行业的研究是解决人类这一重大问题的关键。

根据 2012 年国际癌症研究中心的数据分析显示，我国肿瘤死亡例数占全世界人口死亡总例的 26.67%，而死亡发病比也高于世界水平，其主要原因是我国的人口基数大，而和其他发达国家相比治疗成功率略小，这也和我国抗肿瘤药物研发和肿瘤免疫治疗技术落后有很大关系。在发展中国家中，我国死亡例数是发展中国家总数的 41.09%，死亡发病率 0.62 略小于发展中国家总的死亡发病比，这一现象说明与其他发展中国家相比，我国的发病治疗成功率稍高一些，但是由于我国人口基数大，死亡例数占了很大比例。而在人类发展指数国家中，我国的死亡例数达一半以上为 59.8%，但死亡发病比却小于中人类发展指数国家，在很多落后国家，肿瘤是一个亟待解决的大难题，尤其对于低人类发展指数国家来说，其发病死亡率高达 73% 左右，在非洲区域，可以说是一旦得了肿瘤，被治愈的可能性几乎为零。如此高的癌症发病率和死亡率，使肿瘤免疫疗法和抗肿瘤药物研发更加重要和关键。

表 4 - 1　全球各区域世界人口标化发病率、死亡率和死亡发病比

国际区域	发病例数（万例）	死亡例数（万例）	死亡发病比	中国死亡例数占比（%）
全世界	1406.8	820.2	0.58	26.67
发达国家	605.4	287.8	0.48	
发展中国家	801.4	532.3	0.66	41.09
极高人类发展指数国家	575.9	260.7	0.45	—
高人类发展指数国家	212.6	124.4	0.59	—
中人类发展指数国家	523.2	365.7	0.7	59.80
低人类发展指数国家	94.3	69	0.73	—
WHO 非洲区域	64.5	45.6	0.71	—
WHO 美洲区域	288.2	129.5	0.45	—
WHO 东地中海区域	55.5	36.7	0.66	—
WHO 欧洲区域	371.5	193.3	0.52	—
WHO 东南亚区域	172.4	117.1	0.68	—
WHO 西太平洋区域	454.3	297.8	0.66	—
IARC 参入国	703.8	347	0.49	—
中国	358.6	218.7	0.62	

资料来源：IARC 国际癌症研究中心。

总体来看，经济发展越好的区域死亡发病比越小，肿瘤被治愈的能力越强，而经济发展相对落后的区域肿瘤死亡发病比越大。目前来看，我国的肿瘤治愈能力处在中等偏下的位置，肿瘤治疗手段和抗肿瘤药物的研制还处在传统阶段，虽然一些新兴的技术正在投入研究，但是成效依然不够明显，尤其近几年来我国面临着人口老龄化的问题，越来越多的肿瘤病例出现，对于肿瘤的治疗已经不单单是医学问题，已经上升为一大社会问题。政府相关部门最近几年在肿瘤免疫治疗法和抗肿瘤药物研发方面进行大规模投入，鼓励和支持这种高新技术的发展。我国的很多企业在这两个方面做出了很大努力，在国际上申请专利无数，虽然我国的研发起步晚，但快速的进步和崛起是很多发展中国家难以企及的。

4.2　行业关键技术

4.2.1　肿瘤免疫疗法关键技术

在人类研究治疗肿瘤的医学领域中，先后经历了三次革命性的突破：第一次

是通过化疗药物，依靠手术和放疗的方式来治疗，其作用原理是在短时间内快速地抑制肿瘤的增生和转移，对人体的伤害很大且不可逆转，毒副作用严重；第二次是靶向疗法，这很大程度上提高了抗肿瘤药物的治疗指数，其作用原理是靶向追踪，精准杀死瘤细胞，抑制信号传导，抑制血管生成，其伤害较小，长期使用会产生不良反应；第三次就是免疫治疗法，其作用原理是调节机体免疫，抑制信号传导，增强 T 细胞功能，自然杀伤瘤细胞，毒副作用较小，是以患者全身的免疫功能为出发点做的研究，也是目前人类正在探索开发的治疗方式。

免疫治疗已经成为全球关注的高新技术，整个医疗行业对免疫治疗的热情急剧高涨。肿瘤免疫治疗，是指在治疗过程中直接或者间接利用人体免疫系统对肿瘤患者进行有效治疗的方法，包括药物免疫治疗与细胞免疫治疗。随着越来越多的肿瘤细胞表面抗原以及人体 T 细胞表面受体被逐渐发现，肿瘤免疫治疗为攻克肿瘤提供了新的希望。

肿瘤免疫治疗主要分为四大类；第一类是作用于 DC 细胞抗原提呈的 DC 治疗性肿瘤疫苗；第二类是作用于 T 细胞活化应答的 T 细胞过继治疗法；第三类是作用于免疫检查点信号的传导；第四类是 PD－1 抗体治疗，PD－1 抗体治疗是目前肿瘤免疫治疗的新热点，全球各国已经开始进行研发与临床试验了。相关数据显示，预计到 2020 年，PD－1/PD－L1 抗体的全球市场规模将达到 350 亿美元，2015～2020 年复合增长率将超过 60%。已上市的国际企业有时美施贵宝的 Opdi－vo 和默沙东的 Keytruda，还有其他在研制过程中的有 Pidilizumab，BMS－936559（时美施贵宝），Atezolizumab（罗氏）和 Durvalumab（阿斯利康）等。我国肿瘤非特异性和特异性免疫治疗分类情况如表 4－2 和表 4－3 所示。

表 4－2　肿瘤非特异性免疫治疗分类

治疗药物/方法	代表药物	适应性	治疗靶点
早期辅助性（非特异性）肿瘤免疫治疗			
细胞因子类	重组白细胞介素－2	刺激免疫细胞增殖和分化	多种免疫细胞 IL－2 受体
	重组人粒细胞集落刺激因子（C－CSF）	促进中粒细胞增生，辅助肿瘤化疗	多个 G－CSF 受体
多肽类抗肿瘤免疫调节剂	胸腺肽、胸腺五肽、胸腺肽 a1	诱导 T 细胞分化、发育，提高 T 细胞抗原反应，用于辅助治疗	T 细胞
中药抗肿瘤免疫调节剂	康艾、参芪扶正、艾迪	对各种肿瘤起到治疗与辅助治疗作用	多机理
早期非特异性免疫细胞治疗			
LAK、CIK 等免疫细胞治疗		广谱抗肿瘤	无明确靶点

资料来源：根据公开数据整理。

表4-3　肿瘤特异性免疫治疗分类

治疗药物/方法	代表药物	适应症	治疗靶点
最新特异性药物免疫治疗			
肿瘤疫苗	Sipuleucel-T	前列腺癌	前列腺酸性磷酸酶受体
免疫检查点抑制剂	Ipilimumab	黑色素瘤	CTLA-4
	Pembrolizumab	黑色素瘤	PD-1
	Nivolumab	黑色素瘤、非小细胞肺癌	PD-1
	Lambrolizumab	黑色素瘤	PD-1
最新特异性细胞免疫治疗			
TCR细胞治疗	—	黑色素瘤、肝瘤、乳腺癌等	肿瘤细胞表面MHC
CAR-T细胞治疗	—	急性淋巴细胞白血病	CD19

资料来源：根据公开数据整理。

我国细胞免疫治疗起步比较晚，目前还在以"第三类医疗技术"的名义进行，随着近年来国际上肿瘤免疫治疗的快速发展，我国也随之出现了肿瘤免疫治疗的热潮。但是我国的免疫治疗在过去一直是对世界上发达国家的跟踪和模仿，独立研究的很少，申请的专利也极其有限，但是近年来由于看到肿瘤免疫治疗带来的极大好处，我国政府开始大力支持肿瘤免疫治疗法的研发活动。国内企业在肿瘤免疫治疗领域的研发生产情况如表4-4所示。

表4-4　国内企业在肿瘤免疫治疗领域的研发生产情况

公司名	涉足领域	具体布局情况
海欣股份	免疫细胞治疗	与上海第二军医大学合作研发"抗原致敏的人树突状细胞（APDC）"
康恩贝	免疫细胞治疗	康恩贝与凯德药业开立合资公司，康恩贝持股70%，共同研发AFP项目
香雪制药	免疫细胞治疗	与解放军458医院合作建立特异性T细胞治疗新技术临床研究中心
安科生物	免疫细胞治疗	参股苏州博生吉医药科技有限公司，博生吉技术覆盖CAR-T、CAR-NK、NK、CTL、TCM细胞治疗等领域
北陆药业	免疫细胞治疗	参股中美康士51%股权，主要产品CIK、DC瘤苗、DC-CIK、CTL细胞，技术储备包括NK细胞、TIL细胞、多靶点CTL细胞、微移植、CAR-T、PD-1抗体等

资料来源：根据公开数据整理。

4.2.2　抗肿瘤药物研发领域关键技术

抗肿瘤药物在近些年来取得了极大的进展，但是对于恶性肿瘤中90%以上的实体瘤如今还是缺乏高效、特异性很强的药物，而在这方面的研发是非常艰难的，这也意味着抗肿瘤药物的研发还需要新理念、新技术、新方法的运用。抗肿瘤药物的研发为个体化治疗奠定了基础，昭示着抗肿瘤药物研发的新时代：分子靶向药物提高了部分化疗耐药肿瘤的疗效，在耐受性方面也有一定优势，与化疗、放疗的联合，以及靶向药物之间的联合，有望进一步提高疗效。这一研究理念已经渗入全球的抗肿瘤药物开发的各个领域，为提供高选择性、高效、低毒药物奠定了基础。同时，生物标志物的研究日益得到重视，既有助于抗肿瘤药物的治疗应用，也能促进抗肿瘤药物研究开发的深入。此外，抗肿瘤疫苗等新型治疗药物的开发，进一步丰富了治疗手段。在此基础上，伴随着芯片技术和生物信息学技术的发展，可以在基因结构和表达水平方面对肿瘤细胞进行精确分类（分子分型），据此来指导个体化靶向治疗，将使分子靶向药物与其他药物联合应用于抗肿瘤的疗效达到最大。

表4-5　抗肿瘤化学药技术分支表

课题名称	一级技术分支	二级技术分支	三级技术分支	四级技术分支
抗肿瘤化学药	小分子络氨酸激酶抑制剂	氨基喹唑啉类（中文专利968件，全球专利978项）	厄洛替尼	化合物
				晶型
				盐
				脂
				溶剂合物
				组合物
				制剂
				制备方法
				制药用途
				其他
			阿法替尼	
			拉帕替尼	
			埃克替尼	
			……	
		嘧啶类及杂环嘧啶类	格列卫（甲磺酸伊马替尼）	

资料来源：根据公开数据整理。

抗肿瘤化学药物（见表4-5）研发阶段一般可以分为三类：细胞毒素类药

物、激素类药物和靶向药物。最早研究的抗肿瘤药物是细胞毒素类药物，是指通过干扰 DNA、RNA 的复制过程和有丝分裂过程从而杀伤细胞并抑制其增殖的药物。目前我国临床应用最多、最广的细胞毒素类抗肿瘤药物有多西他赛、紫杉醇、奥沙利铂等。随后发展的是激素类抗肿瘤药物，能够通过调节体内激素水平，抑制肿瘤生长，一般为激素类似物或拮抗剂，包括来曲唑、阿那曲唑、他莫昔芬、比卡鲁胺等。抗肿瘤靶向药物主要是单克隆抗体药物、小分子药物和细胞凋亡诱导物，靶向药物由于高效、低毒、特异性强等特点，提高了患者的生存质量，已成为临床用药的未来趋势，主要有络氨酸激酶抑制剂、蛋白酶体抑制剂等其他种类。本章主要以替尼类络氨酸激酶抑制剂靶向药物为研究对象，重点分析喹唑啉类药物的研究现状。

喹唑啉类化合物在自然界广泛存在，具有重要的药理活性。研究发现，喹唑啉类药物对表皮生长因子受体具有良好的抑制作用，对治疗非小细胞肺癌效果明显，喹唑啉大家族中已经涌现出很多的明星药物，包括易瑞沙和特罗凯，每一种药物都有骄人的药效作用和巨大的销售收益。因此，研发新型的喹唑啉类抗肿瘤化合物成为各国医药企业研究的热点。

4.3 国际发展情况

4.3.1 国际肿瘤免疫疗法的行业发展现状分析

现代肿瘤免疫疗法从最初的非特异性免疫刺激剂到肿瘤疫苗，再到针对特定免疫检查点阻断的单克隆抗体与过继细胞免疫治疗，取得一系列发展。近几年来，肿瘤疫苗、细胞过继疗法以及免疫检查点抑制剂作为新兴的肿瘤免疫治疗技术正在不断的探索和发展中，在临床研究中也成为现代学术研究界和企业界关注的焦点。肿瘤免疫疗法在不久的将来可能成为肿瘤的第四大疗法，并将给人类带来巨大的社会效益和经济效益。近些年，肿瘤免疫疗法的发展进程如表 4-6 所示。

表 4-6 肿瘤免疫疗法发展情况

年份	疫苗	备注	研发地
2010	Provenge	首个治疗晚期前列腺癌的 DC 疫苗	美国
2011	CTLA4 单抗体 Ipilimumab	首个免疫检查点抑制 BMS	德国

续表

年份	疫苗	备注	研发地
2014	DC – Vax 疫苗	用于脑胶质瘤的 DC 疫苗	美国
	Nivolumab	抗 PD – 1／PD – L1 抗体——BMS，治疗黑色素瘤	日本
	Pembrolizumab	抗 PD – 1／PD – L1 抗体——BMS，治疗黑色素瘤	美国
2016	Atezolizumab	首个上市的 PD – L1 抗体药物，治疗膀胱癌	瑞士

资料来源：根据公开数据整理。

（1）肿瘤免疫治疗的四种类型。

1）非特异性免疫治疗。非特异性免疫刺激剂可以达到调节免疫细胞激活、增殖与功能活性的目的，具有作用范围广、反应快、稳定性高、遗传性等特点。非特异性免疫刺激剂含有内毒素、海藻糖、脂质 A、胸腺肽和一些中药，卡介苗是非特异免疫刺激剂中运用最广泛的一种，用于治疗膀胱癌和结肠癌。目前已有三种重组细胞因子被 FDA 批准用于抗肿瘤免疫刺激剂，分别是 IFN – α2a、IFN – α2b 以及 IL – 2。近年来，人们将细胞因子借助载体导入体内，以减少全身的副作用，但成效并不显著。

2）肿瘤疫苗。理论上讲，肿瘤疫苗应该是最有效也是最经济的一种癌症治疗手段，注射疫苗可以达到长期抗癌的作用，但是事实上并非如此，肿瘤疫苗在临床上一直未得到证实和认可，因此人们对肿瘤疫苗一直持有怀疑的态度。但是2010 年，美国 Dendreon 公司生产的 Sipuleucel – T 疫苗获得 FDA 的批准之后，肿瘤疫苗开始正式从研究阶段转向临床应用。

3）过继性免疫细胞疗法。过继性免疫细胞疗法（ACT）的原理是将体外的免疫细胞输注给患者体内，以杀伤肿瘤细胞。目前的治疗策略有三种，分别是肿瘤浸润性淋巴细胞治疗、T 细胞受体治疗以及嵌合抗原受体治疗。ACT 是目前比较主流的肿瘤免疫疗法手段，已经形成商业化治疗，但是 ACT 疗法还是需要更经济更快速的技术条件，目前医药公司诺华在该领域投入资金进行大规模研究试验。

4）单克隆抗体。莫罗单抗（Muromonob）– CD3 是全球首次被美国 FDA 批准的用于治疗免疫排斥的单克隆抗体，之后诸多治疗肿瘤的单克隆抗体被授权，这些单抗是通过抑制恶性细胞的建立，破坏免疫原性和免疫抑制机制之间的平衡，进而形成抗肿瘤免疫反应并发挥治疗作用。百时美施贵宝公司尝试将伊匹莫单抗和癌症疫苗 Sipuleucel – T 组合起来用于治疗癌症，在小鼠试验中已取得较好的结果，还未有进一步的临床试验结果，之后很多医药企业开始研究各类单抗结合产生的效应，并取得了很大进展。

（2）肿瘤免疫治疗的专利申请情况。

肿瘤免疫治疗是现阶段全球医学界共同关注的研究领域，对肿瘤免疫疗法的研究是让癌症治疗进入新时代的一个重要举措，目前许多国家已经在该领域获得了诸多专利，本章将基于 CNABS 数据库和 WPI 数据库中的数据进行研究，具体分析国际上申请专利的情况。

肿瘤免疫疗法已经开始将近 25 年，但是最初几年肿瘤免疫疗法并没有得到足够的重视，直到 1992 年美国 FDA 正式提出生物免疫疗法是治疗癌症的有效疗法，肿瘤的免疫疗法才被再次提出并逐渐开始发展起来。全球肿瘤免疫疗法的专利申请数量从 1995 年到 2000 年这五年来逐年上升，从 2000 年到 2014 年呈现波动性上升的趋势，2015 年是因为还有一些专利项目没有披露，数据收集不完整，对整体走势产生了一定的影响。专利申请总数在 3465 ~ 4262 项，平均每年申请专利数约为 3792 项，即从 2000 年之后肿瘤免疫疗法处于一个稳定发展的阶段（见图 4 - 1）。总体来看，肿瘤免疫疗法技术在近些年来虽然稳定发展，但是并没有取得突破性的进展。随着各国对肿瘤发病机制和免疫机制的不断探索，相信肿瘤免疫疗法随着未来关键技术的突破会再次快速发展起来。

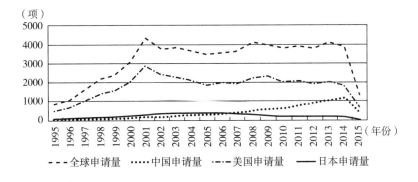

图 4 - 1 全球及各国年度肿瘤免疫疗法专利申请量

资料来源：根据公开数据整理。

美国申请的专利数一直以来都稳居第一，从历年数据中都能看出美国在肿瘤免疫疗法领域申请的专利数量远远超过其他国家。但是美国近几年来专利申请数量有小幅下滑的趋势，与中国上扬趋势相反，两者之间的差距越来越小，在 2014 年，差距最小只有 677 项。中国肿瘤免疫疗法的专利申请量在逐年上升，尤其在 2000 年之后一直保持稳定增长的趋势，在 2014 年专利申请量是 1156 项，首次突破 1000 大关，这也使得中国成为继美国之后第二大专利申请国。日本在 1995 ~ 2006 年，专利数略多于中国，但是从 2007 年开始，中国反超日本，之后专利数量一直在日本之上，日本从那之后反而开始走下坡路，专利申请量远不及 2003 年和 2004 年，这和日本人口老龄化以及经济发展速度下滑的国情相关。而中国申请专利数量不断上扬的趋势正是中国经济不断复苏、综合国力不断增强的体现，稳中求胜的发展理念在肿瘤免疫疗法领域得到真实具体的体现。

目前从国际范围来看，肿瘤免疫治疗已经取得了重大进展，这为很多晚期癌症患者带来了生还的希望，但是肿瘤免疫治疗还处于发展初期，存在很多的问题。首先，现在很多医药企业开始重点研究药物组合的疗效，但是正确的药物组合需要考虑患者的癌症类型、遗传病史、年龄等相关问题，而不是设计出一种组合适合各种各样的患者。因此建议研究机构或企业不要盲目地组合治疗，应当加强不同药物之间相互作用方面的研究。其次，临床医生需要根据患者的不同类型及时调整治疗方案，关注不同治疗手段的反应结果并积极与研究机构或企业合作。

4.3.2 国际抗肿瘤药物的行业发展分析

由于近些年来世界上很多国家的肿瘤发病率持续增加，使得抗肿瘤药物的市场在不断扩大，尤其是单抗、激酶抑制剂等新型抗肿瘤药物的出现，促进了抗肿瘤药物市场的快速发展。据 IMS 数据显示，2012 年抗肿瘤药的年销售额超过 700 亿，首次摘得全球医药市场的桂冠。根据 Kalorama Information 的数据分析显示，美国是全球最大的抗肿瘤药物市场，欧盟和日本次之，三者所占市场份额分别达到 41%、35% 和 6%。

2015 年抗肿瘤药物大约有 3286 个，其中全球畅销的 500 强抗肿瘤药物大约有 69 个，这比 2014 年增长了将近 28 个，而销售金额也达到了 809.47 亿美元，占全球畅销五百强药物的 16.5%，因此可以看出全球抗肿瘤药物市场的增长性非常强，未来的发展前景非常可观。图 4-2 是近 10 年来上市的抗肿瘤药物趋势图。从图中可以看到 2013 年的药物数目是最多的，总体波动比较平缓，看不出大的趋势，不过生物药的数目处于逐年上升的阶段，自 2012 年之后从每年增长 10 多个变为每年增长 20 多个，而化学药的变化并不明显。

抗肿瘤药物可以分为八类，分别是单克隆抗体抗肿瘤类、蛋白激酶抑制剂抗肿瘤类、抗代谢药物、长春花生物碱和其他植物产品、烷化剂、铂抗肿瘤类、抗肿瘤抗生素和所有其他抗肿瘤药等。全球抗肿瘤药物的销售额呈现出逐年上升的趋势，其中单克隆抗体抗肿瘤药物与其他种类药物相比一直是销售额最高的抗肿瘤药物，占比超过销售额的 33.3%。图 4-3 是 2010~2015 年全球抗肿瘤药物销售额的情况。

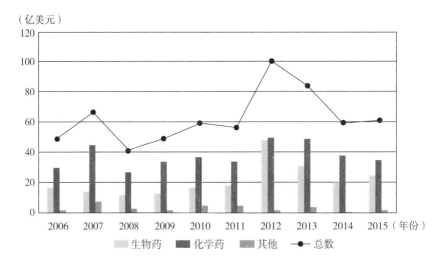

图4-2 近10年来抗肿瘤药物年销售额

资料来源：根据公开数据整理。

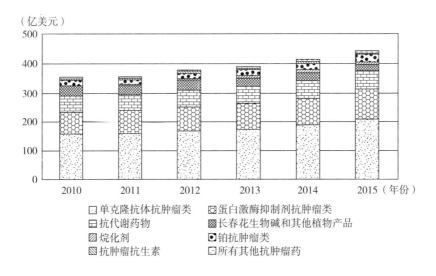

图4-3 2010～2015年抗肿瘤药物年销售额

资料来源：根据公开数据整理。

企业在抗肿瘤药物研发时往往需要考虑技术的难度、上市的成功率以及销售市场的大小等一系列问题，近年来，企业在蛋白激酶药物和单克隆抗体抗肿瘤药物的开发方面取得了很大进展，上市的数目最多，销售额也将近占了抗肿瘤药物销售总额的50%，销售量一直呈现上涨趋势。这使得研发这两类药物的企业取得了很大成功，因此投入了更多的资金用于继续开发研究。

4.4 国内发展情况

4.4.1 国内肿瘤免疫疗法的行业发展现状分析

国内政府对肿瘤免疫疗法采取资金支持策略，"十一五"和"十二五"期间"863 计划"为以细胞治疗为主的免疫治疗拨款约 8000 万元，扶持的品种包括 NK 细胞、DC 细胞治疗性疫苗、CIR - CIK 细胞、TCR - T 细胞、γδT 细胞等。在产品研发方面，国内目前有 5 家企业在临床研发阶段表现突出，分别是泰州君实、恒瑞、百济神州、信达生物和嘉和生物。其中 3 家企业已开始参与 PD - 1/PD - L1 类产品的临床研究。

2016 年"魏则西事件"的曝光，对我国肿瘤免疫治疗产生了很大的冲击，人们开始将这项高新技术边缘化甚至妖魔化。"魏则西事件"确实暴露出我国目前在生物治疗管理上处于比较混乱的局面，但是生物治疗本身在学术研究上有着很重要的地位和光明的发展前景。因此理性看待"魏则西事件"，加强我国相关的医疗监管，运用法律手段规范我国肿瘤治疗的研究和临床应用，同时应当鼓励和支持肿瘤免疫治疗的研究。

随着近 20 年来全球肿瘤免疫疗法的快速发展，各国专利申请人开始进入中国市场，展开与中国在研发和实验方面的合作。从专利申请量的历年变化趋势来看，我国专利申请量一直保持增长的态势，从 1995 年仅有 238 项到 2014 年达到 1156 项，年申请量增长了将近 10 倍，这种增长趋势可以大致分为以下三个阶段：

第一阶段：1995 ~ 2000 年，中国的肿瘤免疫疗法专利申请量主要由国外来华申请人贡献，国外来华的申请量保持了较快的增长速度，而国内申请人的年申请量少于 100 件，远低于国外来华申请量水平，但总体上都是处于上升的态势。第二阶段：2001 ~ 2006 年，国内申请人的申请量呈现出快速增长的态势，增长速度跟上了国外来华申请量的增长速度，年申请量虽然大幅提高，但仍低于同样快速增长的国外来华的年申请量。第三阶段：2007 ~ 2015 年，国外来华申请量在逐年下降，而国内申请量在波动式上升，在 2013 年首次超过国外来华的申请量（见图 4 - 4）。

从以上三个阶段可以看出，我国国内专利申请量在不断上升，占我国总专利量的比重也在不断上升，相对的，外国来华的专利量占我国总专利量的比重在不断下降。这说明我国国内的专利申请水平在持续增长，虽然我国国内在肿瘤免疫疗法方面起步较晚，相关的技术与国外巨头有一定差距，但是近年来，国内申请人在肿瘤免疫疗法领域的研发热情和能力正在逐步提高，目前已经有多家公司的产品已被批准进入临床试验。

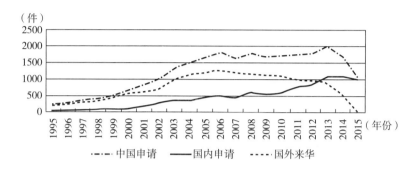

图4－4 中国国内及国外来华申请专利量

资料来源：根据公开数据整理。

数据显示，国外来华的申请人中，企业申请占据了绝对优势地位，占全部国外来华申请的76%，此外还有11%的联合申请，大学、个人、研究机构申请相对较少，可见肿瘤免疫疗法领域主要是以市场为导向在中国进行专利布局，换句话说就是国外来华的企业是看中了中国这个大市场才来中国进行该领域的专利研究，而中国企业目前在该领域的专利研究非常少，后期进入该领域会遇到较大的进入壁垒，因此中国申请人应当关注其中的专利风险。目前来看，中国申请专利的企业占全部国内申请的31%，比个人和大学申请人略高一些。以市场为导向的研究应该被重视和支持，市场作为"无形的手"会更有力地推动这一领域的发展，这是由市场的竞争机制决定的。

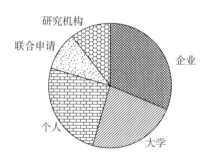

图4－5 国内申请人分布图

资料来源：根据公开数据整理。

图 4-5 是我国国内专利申请人分布情况，从中可以看出，我国专利申请人是非常分散的，而这样的分散结构不利于资源的整合，包括资金和人才的分配，这也是导致在最初几年我国国内的专业申请量远低于外国来华申请量的主要原因。我们应该重视市场在这一领域的重要作用，从而大力支持和鼓励企业发展。这里建议我国企业和大学、科研机构之间加强纵向合作，以及企业和企业之间加强横向合作，尽可能充分地使用资源以达到效用最大化的目的。

　　目前国内正在研发的肿瘤免疫治疗法有很多，其中比较成功的是第二军医大学医学免疫学国家重点实验室牵头研制的 DC 疫苗已经被 CFDA 批准进入Ⅲ期临床试验，也有很多研究机构和医药公司正在研发新一代抗肿瘤抗体。正如中国医学科学院院长曹雪涛所说："相信在不久的将来，我国在肿瘤免疫治疗领域将占据一席之地"。

4.4.2　国内抗肿瘤药物的行业发展现状分析

　　国内抗肿瘤药物研发和销售都处于逐年增长的趋势，目前来说还是以化学药为主，生物药和中药为辅。根据中国医药工业信息中心 PDB 的数据显示，2015年我国国内抗肿瘤化学药有 111 个，中成药 26 个，生物药 6 个，占比分别达到76.28%、11.54% 和 12.17%。从整体上看，我国抗肿瘤药物市场的发展相对落后，但对抗肿瘤药物的市场需求很大，行业发展后劲足。

　　我国近几年抗肿瘤药物的市场规模正逐年增长。由于抗肿瘤药物牵涉重大的社会效益、经济效益，我国政府出台了多项政策和规划方案，包括《"十二五"生物技术发展规划》《中国慢性病防治工作规划（2012～2015 年)》等均对恶性肿瘤的防治提出了具体的要求。我国医药工业"十二五"发展规划中指出，在2020 年以前我国将有望成为仅次于美国的全球第二大药品市场。

　　（1）抗肿瘤化学药行业发展现状。

　　图 4-6 为全球排名前五的抗体药销售额。阿达木单抗是全球首次获批的抗肿瘤坏死因子 TNF-a 药物，从图中可以看到该药品在近五年中销售额一直居高不下，年销售额超过 150 亿美元，并且销售额逐年递增，增速迅猛。目前，据统计，全球有超过 98 万患者正在接受阿达木单抗的治疗。其他四类抗肿瘤药物的销售额比较稳定，近年来有下降的趋势。但总体来看，肿瘤免疫市场的规模非常大。

　　图 4-7 是抗肿瘤化学药全球专利申请量排名前 9 位的国家，中国排在第二位，但是与美国还是有很大距离，美国在全球申请量上处于遥遥领先的地位。我国在抗肿瘤化学药的研制上起步较晚，尤其在喹唑啉类化合物的研发方面重视不够，政府政策扶持力度不足，不过可以看到中国近些年来在这一领域正逐步发展

壮大起来，超过了除美国之外的其他几个发达国家。

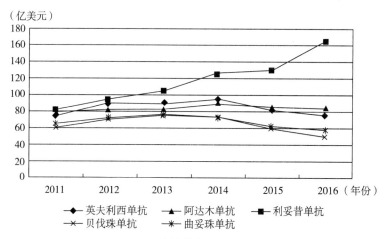

图4－6 抗体药年销售额趋势图

资料来源：根据公开数据整理。

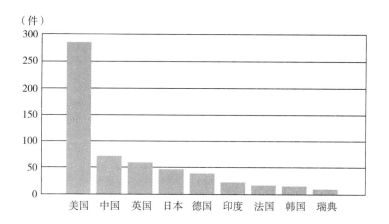

图4－7 抗肿瘤化学药全球专利申请量

资料来源：根据公开数据整理。

国内专利申请人排名表如图4－8所示：恒瑞制药排名第一，申请量为12件，在这前25位申请人中，企业申请人有9位，大学有10位，研究机构有3位，个人有3位。大学在研究喹唑啉化合物方面和企业不相上下，这说明大学的研究能力是值得肯定的，如果大学可以和企业合作，企业提供足够的资金支持，大学提供人才和项目，强强联手，必定能创造出更多对肿瘤治疗有效的药物和技术。

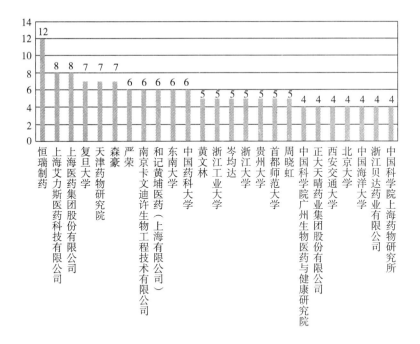

图 4-8　抗肿瘤化学药国内专利申请人年申请量

资料来源：根据公开数据整理。

（2）抗肿瘤中药行业发展现状。

近年来，我国出台了一系列政策来推动抗肿瘤中药行业的发展，其市场份额呈现稳定增长的趋势。抗肿瘤中药因其副作用小、价格低，受到我国患者和临床医务工作者的广泛青睐，其销售额不断上升，2011 年为 30.8 亿美元。在国家关于"发挥中医药特色和优势，不断提高中医药服务水平"的政策支持与引导下，我国抗肿瘤中药行业及其相关产业的发展呈现出勃勃生机。我国许多抗肿瘤中药生产企业都采用了"公司＋基地＋农民"的联营模式，建立了科学种植、动态分析监控的原材料基地，规范了原料采集、加工、提取、精制、灭菌、包装、检测、销售、临床应用各个环节。另外，抗肿瘤中药行业的发展离不开科研院所的产品研发和临床医务工作者的实践探索，同时也需要对知识产权进行及时、有效的保护与运用。

尽管国内的抗肿瘤中药行业正在蓬勃发展，但是在国际市场上，以植物药为主的中药在国际市场的占有率不高。目前在国际植物药市场中占主导地位的是欧洲草药制剂和日韩汉方制剂，而我国中药多以附加值低的中药材和提取物出口为主，中药只能以"膳食补充剂"的名义在美国销售，与我国几千年的中医药文化极不相称。而造成这一现象的原因，与我国中药现代化滞后有很大关系。生产工艺落后、质量不稳定、缺乏严格的标准规范是进入国际市场的主要障碍。因此，加快中药现代化的步伐，将是我国中药企业进军海外市场的必然选择。

图4-9是我国抗肿瘤植物提取专利申请量排在前十位的申请人，其中高校及机构申请人8位，医药企业申请人1位，个人申请人1位。而医药企业申请人申请量排在第一位，并且数量远远高于后面的高校及机构申请人的申请量，占前十位申请人申请量总数的26.2%。

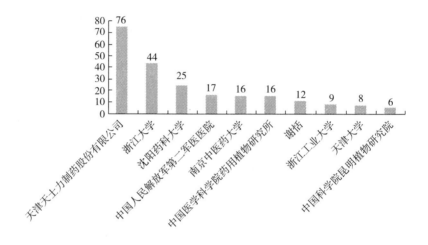

图4-9 国内抗肿瘤植物提取专利申请人年申请量

资料来源：根据公开数据整理。

研发抗肿瘤中药的企业生存与发展离不开产品的利润率和市场占有率的提高，企业的营利性以及政府政策的支持和补助就导致其有更大的动机去研制抗肿瘤药物。抗肿瘤中药的专利保护具有法律赋予的独占性和排他性，这里的排他性是指中药品种保护具有准予或不准予生产的行政效力。所以，抗肿瘤中药产业的发展应当更加重视专利保护。

近些年来，我国抗肿瘤药物的市场规模在不断扩大（如图4-10所示），从2008年开始我国抗肿瘤药物的市场规模呈现阶梯式上升，不过增长率呈现波动式下滑的趋势，主要原因是在抗肿瘤药物研发领域的研制已经非常成熟，肿瘤的发病治疗率在不断上升，增长率呈现下滑趋势是一个相对看好的态势。

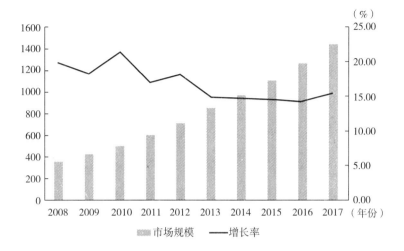

图 4 – 10 中国抗肿瘤药物治疗发展趋势

资料来源：IMS、CFDA。

4.5 行业展望

4.5.1 肿瘤免疫疗法的行业展望

在人类与肿瘤抗争的几十年中，激发了无数的创造力，开发了无数的肿瘤治疗法和抗肿瘤药物，在医药行业取得重大进展。肿瘤免疫疗法是近年来各大研究机构和企业的研究热点，因为肿瘤免疫疗法除了可以发挥抗肿瘤的作用外，还可以增强机体抗肿瘤细胞的免疫功能，达到治疗和预防的双重功效，因此受到各国政府和研究机构的广泛关注。

全球的肿瘤免疫疗法还在不断创新发展的阶段，现阶段可用于临床治疗的肿瘤免疫疗法技术非常有限，美国在这一方面最先发展起来，专利申请数量在国际市场上遥遥领先，而我国的肿瘤免疫疗法起步晚，发展缓慢，但是近些年来依然能看到一些进步，比如海欣股份与上海第二军医大学合作研发名叫"抗原致敏的人树突状细胞"（APDC）的新药，是我国首个自主研发获得国家食品药品监督管理局正式批准，针对晚期大肠癌 APDC 治疗性疫苗，目前已进入临床测试第Ⅲ期，国家对该项目给予了高度重视和资金支持。除此之外，还有康恩贝与凯德药业开立合资公司，由康恩贝控股，共同研发 AFP 项目，这是我国与外国企业合作研究免疫细胞治疗的项目，是值得鼓励和支持的。而香雪制药公司与解放军458 医院合作建立特异质 T 细胞治疗新技术临床研究中心，是企业与医院合作为研究抗肿瘤免疫疗法的一个例子。这一系列的研究项目国家都予以重视和鼓励，多元化的合作有助于发挥各方潜能，尽快推进我国肿瘤免疫疗法技术的进步。

肿瘤免疫疗法的研究集中度非常高，全球肿瘤免疫疗法的研究主要集中在约 6 家大型医药企业，其中 JUNO 的 CAR - T 药物技术受到广泛关注，在资本市场，IPO 股价上涨将近 70%。而国内的肿瘤免疫疗法起步晚，目前还处在研发初期，研发耗资严重，很多企业都难以进入该领域进行开发研究，这也成就了部分大企业整合资源，打造核心竞争力。国内研究进度比较靠前的企业上海君实，其研究的 PD-1 在 2015 年 1 月申请临床试验，目前仍在研究阶段。在技术层面，我国还处在特异性免疫技术的初级阶段，在过继细胞治疗方面涉足极少，与国际水平差距很大。

据 Leerink Partners Research 的预测数据显示，到 2020 年全球肿瘤免疫疗法的市场规模将达到 167 亿美元，而 2025 年将实现两倍增长，实现 361 亿美元的市场规模。其中，NSCIL 即抗非小细胞肺癌药物将占据约 1/2 的市场。表 4 - 7 为彭博预测的 2018 年部分抗肿瘤药物的销售额与 2016 年实际销售额之间的对比，从整体来看预测 2018 年有很强的销售增长率，市场前景非常可观。

表 4-7　2018 年抗肿瘤药品销售额预测表

药品名	公司	适应性	销售额亿美元		增长率（%）
			2018 年	2016 年	
Avastin（贝伐珠单抗）	罗氏	结直肠癌，肺癌，乳腺癌，肾癌，卵巢癌	83.34	71.76	16.14
Revlimid（来那度胺）	Celgene	多发性骨髓瘤	80.35	69.74	15.21
Rituxan（利妥昔单抗）	罗氏	NHL，CLL	70.07	73	-4.01
Herceptin（曲妥珠单抗）	罗氏	HER2 + 乳腺癌	53.77	67.82	-20.72
Imbruvica（ibrutinib）	强生/Pharmacyclics	套细胞淋巴瘤，慢性髓性白血病（CML）	52.59	0	100.00
Kadcyla	罗氏	HER2 + 乳腺癌	33.84	11.6	191.72
Perjeta（帕妥珠单抗）	罗氏	HER2 + 乳腺癌	32.9	18.46	78.22
Afinitor（依维莫司）	诺华	乳腺癌	30.81	19.14	60.97
Velcade（硼替佐米）	强生/Takeda	多发性骨髓瘤（MM），套细胞淋巴瘤	26.96	12.24	120.26
Nivolumab(anti - PD1)*	BMS	黑色素瘤/肺癌	25.54	37.74	-32.33

药品名	公司	适应性	销售额亿美元		增长率
			2018 年	2016 年	（%）
Alimta（培美曲塞）	礼来	NSCLC	25.01	22.83	9.55
Tasigna（尼洛替尼）	诺华	CML	24.38	17.39	40.20

注：＊：免疫疗法药物。

资料来源：Bloomberg，源正细胞，中泰证券研究所。

4.5.2 抗肿瘤药物的行业展望

抗肿瘤药物的研制开始较早，目前也是肿瘤治疗的主要方法。我国抗肿瘤药物研发申请专利数排名世界第二，与排名第一的美国还有很大差距，但是总体上药物研发比较成熟了。而我国国内在喹唑啉抗肿瘤化合物的专利申请方面，大学的申请量和企业的基本相当，因此我们建议大学和企业加强合作，集中优势资源，研发出更高端的药物。中药行业在我国应该算是历史悠久的一门技术，但是在国际上却因为忽略了中药行业的专利保护，失去了重要的市场地位，让中韩等国占了先机。近些年我国已意识到这个问题，开始科学化药物的种植、提取、精炼等各个环节，国家大力支持中药行业的发展。天津天士力集团有限公司建立了具有国际化水平的现代中药产业链，被国家确定为高新技术产业项目基地。随着企业和研究机构等不断地合作开发，未来我国的中药将进一步进入国际市场。

据 IMS 数据显示，2010～2014 年全球抗肿瘤药物市场的复合增长率达到6.5%。2014 年其市场规模高达约 1000 亿美元，其中美国占 40% 的市场份额，美国无疑是抗肿瘤药物市场的最大占有者，预计到 2020 年将以 6% 的复合增速上升至 1500 亿美元。中国作为肿瘤发病率和死亡率双高的新兴市场，由 2010 年的430 亿元增长至 2014 年的 850 亿元，复合增长率为 14.6%。预计未来 20 年全球新增肿瘤发病率将增至 70%，且病例主要出现在发展中国家，以亚洲、非洲为主。国际市场上的大型医药企业的市场空间非常大。根据我国国家癌症中心发布的数据以及专家预测，我国药品市场的规模在 2020 年将达到 1500 亿～1800 亿美元，其中，抗肿瘤药物的市场规模在近五年内增速将超过 15%。

抗肿瘤药物产业发展相当迅速，我国在抗肿瘤药物的研制水平方面较全球领先水平仍有很大差距，尤其是在创新制药方面需要进一步提高，同时我国在抗肿瘤药物专利保护方面的意识还不强。但是我国在抗肿瘤中药方面具有很大优势，在国际水平下是极具知识产权优势的民族产业，在政府的支持下，近年来在抗肿瘤中药领域获得了极大的进步，但目前来看还是以抗肿瘤化学药为主要治疗手段。随着我国人口老龄化推进以及生态环境的恶化，肿瘤治疗领域在未来必将成为各大企业瓜分的大蛋糕。国内几大企业，包括君实生物、江苏恒瑞、安科生物以及百济通州等都在该领域进行大规模的资金投入进行研发工作，如果能先占领市场，将迎来企业的辉煌发展。

参考文献

赵晓宇、刁天喜：《1999~2004 年在我国申请的抗肿瘤药物专利分析》，《中国新药杂志》2007 年第 10 期。

万红、张晓旭：《T 淋巴细胞相关肿瘤免疫疗法的研究进展》，《中国药房》2017 年第 20 期。

陈海燕、马爱霞、陈在余：《我国抗肿瘤药物市场现状及发展趋势研究》，《北方药学》2012 年第 11 期。

方罗、吴盈盈、张翀等：《近 5 年全球抗肿瘤药物研发现状（Ⅱ）》，《中国肿瘤》2013 年第 8 期。

田红、肖桂芝、刘永贵：《抗肿瘤药物市场分析》，《现代药物与临床》2013 年第 3 期。

余明、干荣富：《抗肿瘤药物市场现状、价格和规制政策浅析》，《世界临床药物》2016 年第 12 期。

刘因华：《抗肿瘤药物的研究现状与发展前景》，《中国医药指南》2007 年第 s1 期。

杨春娥、李宏力、高苏莉：《抗肿瘤药物临床应用的现状与研究进展》，《国外医药（抗生素分册）》2004 年第 1 期。

唐永刚：《抗肿瘤药物临床应用现状与研究进展》，《中国药业》2008 年第 7 期。

赵平：《中国癌症流行态势与对策》，《医学研究杂志》2013 年第 10 期。

段纪俊、严亚琼、杨念念等：《中国恶性肿瘤发病与死亡的国际比较分析》，《中国医学前沿杂志电子版》2016 年第 7 期。

王溯铭、高巍：《特异性嵌合抗原受体的 T 细胞肿瘤免疫治疗相关专利申请状况分析与研发进展》，《中国医药生物技术》2015 年第 4 期。

何露洋、陈英耀、魏艳等：《美国肿瘤免疫治疗技术管理经验对中国的启示》，《医学与社会》2017 年第 12 期。

裴晓峰、杨舒杰、袁红梅：《对我国 7 家知识产权医药示范企业的专利行为研究》，《中国药房》2015 年第 22 期。

钱振超：《肿瘤生物治疗的现状与展望》，《中国肿瘤生物治疗杂志》1994 年第 1 期。

孙建：《肿瘤免疫治疗——遇上最好的时代》，《药学进展》2015 年第 12 期。

卢姗、李苏宁、范红：《肿瘤免疫治疗技术与产品开发的现状与发展建议》，《中国生物工程杂志》2017 年第 1 期。

魏晓莉：《肿瘤免疫治疗的研究进展》，《国际药学研究杂志》2014 年第 1 期。

曹雪涛：《肿瘤免疫疗法将迎来飞跃——转载自〈肿瘤免疫细胞治疗资讯〉2015 年 1 月 15 日对中国医学科学院院长、本刊主编曹雪涛院士的访谈》，《中国肿瘤生物治疗杂志》2016 年第 3 期。

吴磊、宋国梁、张澄洪：《肿瘤免疫疗法现状及热点进展》，《江苏科技信息》2017 年第 17 期。

刁爱坡、赵青：《肿瘤免疫细胞治疗研究进展》，《天津科技大学学报》2018 年第 1 期。

5 新能源汽车

吕甜甜

5.1 行业重要性

随着经济和科技的快速发展，人们生活水平不断提高，私家车成为出行必不可少的交通工具。现如今无论是大城市还是小城市，无论是宽阔的柏油大马路还是狭窄的乡间小路处处都存在川流不息的车辆，然而越来越多的汽车虽然方便了人们的出行但也给我们赖以生存的环境带来了不可小觑的危害。近几年，随着私家车数量的不断攀升，不仅造成道路拥堵现象，并且使能源和环境问题也变得越来越突出，各省市纷纷出台政策防止问题的进一步恶化。截至当前，全国已有100多个城市限行。例如，为改善北京交通拥挤状况以及降低汽车污染物排放，自2008年起，北京市开始实施限号政策，一方面外地车辆进京需办理进京通行证，另一方面对本市车辆实行尾号限行（新能源汽车不在限行范围之内）。即便如此，近年来我国机动车燃油需求量仍不断攀升，据相关资料统计得出，到2020年，我国机动车的燃油需求量将达到2.56亿吨。另外，我国石油消耗量也在不断增加。

石油作为不可再生资源，全球石油储量处于短缺状态，但其消耗量却仍高居不下。根据2017年中石油经济技术研究院发布的报告显示：2017年我国全年原油表观消费量达到6.1亿吨，同比增长6%，仍呈中高速增长。因此，为实现我国的可持续发展、节能减排、开发可再生能源势在必行。

新能源汽车是指除汽油、柴油发动机之外所有其他能源汽车，其特点是可以减少空气污染和缓解能源短缺。新能源汽车包括混合动力汽车、纯电动汽车、燃料电池电动汽车、氢发动机汽车、其他新能源（如高效储能器、二甲醚）汽车等各类别产品，主要以电力、蓄电池、燃料电池、代用燃料、乙醇、甲醇、生物柴油、压缩天然气（CNG）、液化石油气（LPG）、混合动力（使用两种及以上能源的汽车）等可再生能源作为其主要燃料，这些能源的使用大大减少了环境污染问题，也不会使我国面临资源耗竭的困境。正如习近平总书记所说的："绿水青山就是金山银山。"保护环境、开发新能源汽车成为汽车发展的必然选择。

图 5 - 1   2010 ~ 2016 年中国石油消耗量

资料来源：根据公开数据整理。

5.2 行业关键技术

新能源汽车具有三大关键技术：整车控制器（VCU）技术、电机控制器（MCU）技术和电池管理系统（BMS）。

（1）整车控制器（VCU）技术。

整车控制器（VCU）是新能源汽车控制的核心，具备扭矩协调与分配、UDS故障诊断、电机电池协调管理、能量管理、安全监控、制动能量回收等功能。整车控制器的功能和性能决定了整车的驾驶性、安全性、动力性及经济性。

（2）电机控制器（MCU）技术。

电机控制器是新能源电动汽车特有的核心控制模块，它通过接收整车控制模块（VCU）下发的控制指令，完成电动机的扭矩和转速控制。电动机是电动汽车驱动系统的关键部件，选择适合电池特征的驱动电机也会提高电动汽车的性能。目前，电动汽车用电动机一般采用三类驱动电动机，即永磁同步电动机、感应电动机（异步电动机）和开关磁阻电动机。新能源电动汽车根据不同的车型、性能选择不同驱动类型的电动机。

（3）电池管理系统（BMS）。

电池管理系统（BMS）是保护电池安全的控制系统，时刻监控电池的使用状态，并通过必要措施缓解电池组的不一致性，为新能源车辆的使用安全提供保障。电池是新能源汽车的动力源，电池选择将直接关系到整车的性能，是制约新能源汽车的关键因素。目前，电动汽车用电池的主要性能指标主要包括五方面，即比能量（E）、能量密度（Ed）、比功率（P）、循环寿命（L）和成本（C）。电池技术的提高能够使电动汽车更加具有竞争力，而要想提高电池技术，关键是要开发出比能量高、比功率大、使用寿命长的高效电池。因此，电池技术一直是新能源汽车的焦点技术，根据技术的发展，可以将电动汽车电池大体划分为三个阶段，如表 5-1 所示。

表 5-1 电动汽车电池的历代发展

第一代：铅酸电池	主要是阀控铅酸电池（VRLA），其比能量较高、价格低和能高倍率放电，是目前唯一能大批量生产的电动汽车用电池
第二代：碱性电池	主要有镍镉、镍氢、钠硫、锂离子和锂聚合物等多种电池，其比能量和比功率都比铅酸电池高，大大提高了电动汽车的动力性能和续航里程
第三代：燃料电池	燃料电池直接将燃料的化学能转变为电能，能量转变效率高，比能量和比功率都高，并且可以控制反应过程，能量转化过程可以连续进行，是理想的汽车用电池，目前仍在研制阶段

资料来源：根据公开数据整理。

到目前为止，对电池的研发主要集中在第二代（碱性电池），其中锂离子电池作为碱性电池的一种，是日本、美国、德国等汽车强国的研发重点，也是我国电池研发的焦点。另外，氢燃料电池也是电池的发展重点之一，近几年来，氢燃料电池更是在新能源汽车的发展中发挥着越来越重要的作用。氢燃料电池自提出以来一直被业内人士认为是最环保、最理想的一种形式，各能源汽车公司和专家学者认为氢燃料电池是新能源汽车的最终形态。与纯电动汽车相比，氢燃料电池车有三大明显优势：首先氢气相较于电能更易储存、更易运输；其次氢燃料电池车的充填效率与传统汽油车相近，远优于电动车充电；最后氢燃料电池车的单次充填燃料后的续航里程也明显大于纯电动车。但是，现阶段氢燃料电池发展还不成熟，存在一些难题，如燃料电池造价偏高、反应/启动性能不及传统内燃机引擎、碳氢燃料无法直接利用、氢气储存技术不成熟等，其中尤以氢气储存技术最为重要，须着重解决其储存过程中的氢气损失及安全问题。

如今，电池技术仍是新能源汽车发展过程中最大、最难克服的技术难点。电动汽车发展好不好，就看电池的比能量，另外电动汽车的安全性、续航里程、轻量化、经济性等问题也都与电池息息相关。因此，只有继续加大研发电池技术，才能保证新能源汽车取得质的发展。

5.3 国际发展情况

5.3.1 国际申请专利情况分析

20 世纪末，国外新能源汽车开始发展起来，此时，我国正处于改革开放后快速发展时期，普通燃油汽车发展较快，新能源汽车还未萌芽。直到 21 世纪初，国内新能源汽车进入快速发展时期。

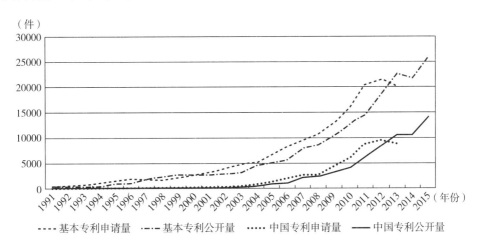

图 5－2　国内外年度专利走势

资料来源：新能源汽车全球专利分析，2017 年。

从图 5－2 可以看出，21 世纪前，新能源汽车专利整体申请量处于短缺状态，国内更是接近于零，2000 年左右，基本专利申请量开始呈快速上升状态。另外，中国专利申请量从 2003 年左右进入发展时期，约晚于世界 10 年，并于 2008 年左右开始急剧增长。

从图 5－3 可以看出，国际对于电池、车辆微处理器系统、充电、燃料电池等技术的研发都非常重视，投入大量资金进行研发创新，取得较多专利，而我国则在燃料电池的研发上投入较少，在车辆微处理器系统的研发投入最多。

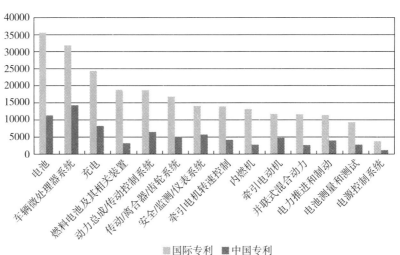

图 5-3　主要技术领域专利分布

资料来源：新能源汽车全球专利分析，2017 年。

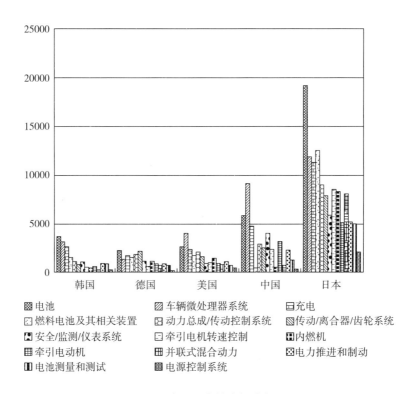

■ 电池　　　　　　　　　　■ 车辆微处理器系统　　　　　■ 充电
■ 燃料电池及其相关装置　　■ 动力总成/传动控制系统　　　■ 传动/离合器/齿轮系统
■ 安全/监测/仪表系统　　　■ 牵引电机转速控制　　　　　■ 内燃机
■ 牵引电动机　　　　　　　■ 并联式混合动力　　　　　　■ 电力推进和制动
■ 电池测量和测试　　　　　■ 电源控制系统

图 5-4　主要国家技术领域布局图

资料来源：根据李国秋、范晓婷资料整理，2017 年。

从图 5-4 可以看出，日本在新能源汽车的各项技术专利申请上都处于领先地位，而我国则在技术专利申请上发展很不平衡，在车辆微处理器系统上很突出，但是在燃料电池及其相关装置上却远低于其他国家。

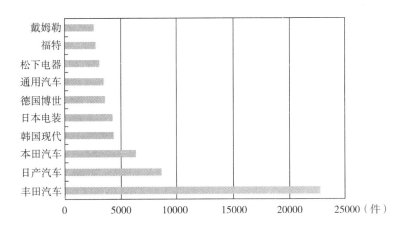

图 5-5　主要专利申请人国际排名

资料来源：新能源汽车全球专利分析，2017 年。

从图 5-5 可以看出，新能源汽车专利申请人世界排名前十的企业有一半属于日本，美国和德国各有两家，还有一家来自韩国，其中，排名第一的丰田汽车专利数量远超其他国家。

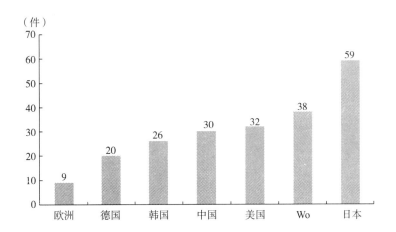

图 5-6　住友锂离子混合超级电容技术全球申请分布

资料来源：《产业专利分析报告——新能源汽车》。

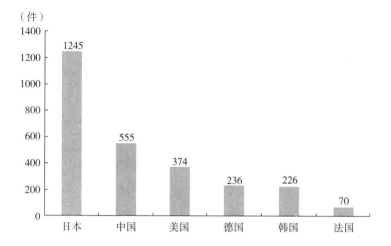

图 5 - 7　电制动能量回收领域全球专利来源国申请排名
资料来源：《产业专利分析报告——新能源汽车》。

图 5 - 6 和图 5 - 7 是两个关于电容和制动技术的专利申请情况说明，在这两个图中也可以进一步看出日本在新能源汽车方面的优势。

5.3.2　代表性企业

（1）丰田汽车。

丰田、本田和日产是日本最知名的三家新能源汽车公司，其中丰田的新能源汽车发展更是遥遥领先于其他两家公司。丰田于 1997 年开始销售其第一辆混合动力车型普锐斯（PRIUS），随后其新能源汽车销售量不断增加，现旗下已有众多型号的新能源汽车。作为世界知名的汽车公司，在数十年的发展过程中，丰田在汽车的研发和制造方面积累了极其丰富的经验，一方面其混合动力技术在同行业中处于领先地位，另一方面在外观设计、电制动能量回收领域专利申请数量也位居全球第一。丰田的新能源汽车专利涉及各个方面，1998～2013 年丰田整车外观设计专利申请中，三厢轿车和两厢轿车两种车型申请专利数位居前列，各占约三成，SUV 车型占 15%，MVP 车型占 14%，跑车车型、皮卡车型和其他车型占据剩下的 10% 左右。另外，继 2015 年丰田发布了"环境挑战 2050"战略后，2017 年 12 月丰田官方又正式公布了 2020～2030 年的新能源车型的挑战计划，其中包括了针对混动、插电混动、纯电动及燃料电池车的研发和普及工作等。从2020 年开始，丰田将首先向中国市场加速导入纯电动车型，其后向日本、印度、美国、欧州市场依次导入。到 2020 年代前半期，丰田在全球市场推出的 EV 车型将扩大到 10 种以上。到 2025 年，丰田旗下所有产品将实现全面电气化，不再提供只配备传统发动机的车型。到 2030 年，丰田力争在全球市场达到电动化汽车每年 550 万辆的销售数字，与此同时，丰田和松下也在探讨研发行业最领先的棱形柱状电池，从而对于更多汽车厂商的电动化做出贡献。在电动化基建方面，丰田还将加大力度，与相关机构及伙伴公司一起积极推进电池循环再利用体制的建立，以及充电桩和加氢站的建设工作。

（2）特斯拉。

特斯拉作为电动汽车中的明星企业，整合了众多 IT 及汽车制造技术，以其新锐的设计理念引领潮流，被誉为"汽车界的苹果"。特斯拉是一家非常年轻的公司，也是一家专门生产电动汽车的公司，从 2003 年成立到 2010 年在纳斯达克上市再到今天，特斯拉推出的每一款电动汽车都被人们追捧，截至目前，特斯拉现有的车型包括 MODEL X、MODEL S，已经停产的有 ROADSTER，还未上市的有 MODEL 3。2005~2013 年，特斯拉总计申请专利数量 271 项，美国为其专利主要申请国，申请数为 266 项，其次是欧洲，申请数为 55 项。根据 2015 年 6 月出版的《产业专利分析报告——新能源汽车》，特斯拉的专利技术分解如表 5-2 所示。

表 5-2　特斯拉的专利技术分解

一级分支	二级分支	三级分支	四级分支
电池	电池结构	排气	—
		电连接	—
		壳体	吸能
		电池组装	单电池组合安装
			黏结剂组装
	电池管理	电管理	充电方法
			监测控制
			均衡
			电池维护
			过电流保护
			过充电保护
			断开连接
		热管理	散热结构
			加热结构
			热监测控制
		电池干燥	—
	金属空气电池	双电源结构	—

一级分支	二级分支	三级分支	四级分支
车辆	车辆结构	电动机	—
		车身	吸能
		散热结构	—
	车辆控制	—	—
	车辆制造	—	—
	通信控制	—	—
	触摸屏显示控制	显示屏	—
充电连接器	充电连接器	—	—

资料来源：《产业专利分析报告——新能源汽车》。

从表5-2可以看出，特斯拉在电池上申请的专利涉及面最广，这也从侧面反映出当下的一种趋势，在电动汽车方面，电池技术是最难攻克的也是最为重要的。特斯拉能够取得这么多的技术专利，这与特斯拉的研发人员有着密不可分的关系，特斯拉鼓励创新，投入大量资金去支持研发，在公司内部形成了良好的氛围。

2017年7月，在美国州长协会夏季会议上特斯拉CEO埃隆马斯克表明，未来几年，特斯拉将在美国新建2~3个超级工厂，另外马斯克有意向在国外建厂，亚洲和欧洲均是最有可能的候选地，而且他宣布至少在美国建立两个工厂，新工厂能够生产整车，不像内华达州在建的工厂，仅生产电池模组。2017年11月，特斯拉位于上海的全球最大超级充电站正式揭幕，将其在中国的超级充电站数量从20个增加到50个，另有9个预计将在2017年年底开放。超级充电桩能在1~1.5个小时内达到快速充电80%，并且使特斯拉车主实现超级充电桩的免费充电，另外特斯拉还将面向中国市场生产Model S和Model X两大车型。目前据特斯拉官方数据表明，特斯拉超级充电桩现已超过7300个，全球超级充电站超过1000个，另外特斯拉入驻中国的4年间，建设完成超级充电桩超过800个，目的地充电桩超过1300个，充电及服务网络覆盖全国170座城市，并计划于2018年前将在华的超级充电桩数量扩大到1000个，密集覆盖长三角、珠三角、京津冀和大西南地区，贯通全国各大区域连接线及自驾出行线路。

5.4 国内发展情况

5.4.1 相关政策支持

新能源汽车作为国家的战略新兴产业之一，一直受到国家的大力支持。表5-3描述了新能源汽车行业在我国的重要发展历程。

表5-3 我国新能源汽车行业发展历程

2001 年	国家开始重视新能源汽车的发展，将新能源汽车研究项目列入国家"863"重大科技课题
2008 年	新能源汽车在国内出现全面出击之势
2009 年	出台大量扶持政策，新能源汽车进入快速发展期
2010 年	加大扶持力度，规定自 2010 年 6 月 1 日起，启动上海、合肥、深圳、长春、杭州 5 个城市的私人购买新能源汽车补贴试点工作，并于同年 7 月，将十城千辆节能与新能源汽车示范推广试点城市由 20 个增至 25 个。标志着新能源汽车正式进入全面政策扶持阶段
2011~2015 年	全社会推广新能源城市客车、小型电动车、混合动力轿车，进入产业化阶段
2016 年至今	进一步普及新能源汽车、插电式电动轿车、多能源混合动力车，氢燃料电池轿车逐步进入普通家庭

资料来源：根据 360 百科整理。

新能源汽车产业在我国的发展历程比较短暂，也就最近这短短的一二十年，但是，作为被国家大力发展的产业之一，新能源汽车产业在我国的发展势头是强劲的、不容小觑的。为了促进新能源汽车的发展，使越来越多的人购买新能源汽车，国家推出了一系列关于新能源汽车的优惠政策。在 2013 年以前，国家的补贴标准是：1.6L 以下、排放达国 IV、满足第三阶段《乘用车燃料消耗量限值》的乘用车和非插入式混合动力车补贴 3000 元；插入式（Plug ln）混合动力车补贴 4000~50000 元；电动车补贴 60000 元。在《财政部科技部工业和信息化部发展改革委关于继续开展新能源汽车推广应用工作的通知》中进一步对新能源汽车的补贴做出规定：纯电动乘用车、插电式混合动力（含增程式）乘用车、纯电动专用车、燃料电池汽车 2014 年和 2015 年的补助标准将在 2013 年标准基础上下降 10% 和 20%。现将上述车型的补贴标准调整为：2014 年在 2013 年标准基础上下降 5%，2015 年在 2013 年标准基础上下降 10%，从 2014 年 1 月 1 日起开始执行。在新出的《关于调整新能源汽车推广应用财政补贴政策的通知》中又对新能源汽车的补贴规范做了进一步的完善。

由于政府的补贴和人们对环境保护的认知进一步加深，新能源汽车销量不断攀升。2008 年新能源乘用车的增长明显，自 1 月到 12 月，共销售 899 台，同比增长 117%；与此相反，新能源商用车共销售 1536 台，同比下滑 17%。2009 年 1～11 月，乘用车与商用车销量发生反转，新能源乘用车销量下滑至 310 辆，同比下降 61.96%，而新能源商用车销量上升至 4034 辆，同比增长 178.98%。经过几年的曲折上升发展，自 2015 年起，国内的新能源汽车井喷模式开启，越来越多的人愿意购买新能源汽车，汽车厂商也不断开发各种不同的车型以供消费者选择。根据中国汽车工业协会的统计的数据，2016 年中国新能源汽车产量为 51.7 万辆，销量达到 50.7 万辆，同比增长分别为 51.7% 和 53%，连续两年居世界第一。其中纯电动汽车销量达 40.9 万辆，同比增长 65.1%；插电式混合动力汽车销量 9.8 万辆，同比增长 17.1%。

5.4.2 发展现状

我国新能源汽车主要集中在纯电动汽车领域，这与我国的政策导向有一定关系，并且在专利申请方面我国的新能源汽车的申请也比较务实。现如今在中国有无数家新能源汽车公司，包括北京的北京新能源汽车股份有限公司（北京汽车集团有限公司子公司）、深圳的比亚迪股份有限公司、杭州长江汽车有限公司、安徽的奇瑞新能源汽车技术有限公司和江淮汽车股份有限公司等。这些公司都致力于新能源汽车的研发制造，不断推出新的车型以满足消费者的需求。对于我国这些新能源汽车公司销售的新能源汽车，表 5－4 中列举了一部分。

表 5－4　新能源汽车公司销售的新能源汽车

公司名称	车型
北汽	EC 系列、EV 系列、EX 系列、EU 系列等
比亚迪	秦、秦 EV300、唐、宋 DM、宋 EV300、e5、e6 等
上汽	荣威 500、荣威 e500 等
奇瑞	艾瑞泽 5e、eQ1 等
长安	奔奔、逸动、欧力威等

资料来源：根据公开数据整理。

在我国，新能源汽车的销量节节攀升，各新能源公司纷纷推出自己新的新能源车型，而且我国在新能源汽车研发上也在大步前进，特别是在动力锂离子电池的研发上，我国一直在投入大量的人力、物力、财力，在政策上也一直把汽车锂离子电池研发项目列入国家"863"的重点项目，到目前为止，我国已申请动力锂离子电池专利68633项，申请人主要为高校。根据盖世汽车资讯关于新能源动力电池行业综述的数据报告显示，我国新能源动力电池在成本、原理、特性、生产工艺、关键零部件及技术和 OEM 动力电池布局等方面都取得了很大的发展，全球动力电池市场几乎被中、日、韩三国瓜分（见图5-8），我国有7家新能源汽车公司动力电池销量进入世界前十，其中比亚迪销量2016年居世界第二位。

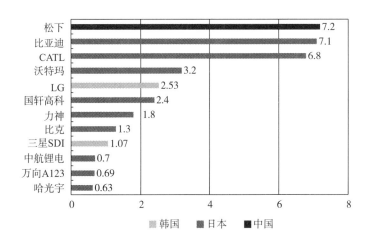

图5-8　2016年全球主要电池厂商销量（GWh）

资料来源：根据公开数据整理。

近年来动力电池市场快速增长，2016年国内动力电池产量为30.8GWh，同比增长82.2%，预计2020年将达到135GWh（见图5-9）。

根据2015年6月出版的《产业专利分析报告——新能源汽车》中记载，我国在动力电池箱方面专利申请共134项，且全部向中国国家知识产权局申请，外倾性不高；在电池热管理技术专利申请中，我国专利申请数占全球专利申请数的17%，其中比亚迪申请128项全球申请量排名14，奇瑞申请44项排名33，重庆长安申请44项排名34。在整车外观设计专利申请方面，我国以2612项的数目名列全球第一，占全球整车外观设计专利总数的24.49%。在整车外观设计领域，我国国内申请人依然是申请的主要来源，其中个人申请约占20%。与世界发展趋势一致，中国对锂离子混合超级电容器领域也非常关注，尽管在我国该项技术才刚刚兴起，但它对新能源汽车的发展起着举足轻重的作用，随着新能源汽车行业的快速发展也将同步发展。在该项专利全部原创申请量的排名中，中国仅仅少于日本，位居世界第二，但是两国之间的差距却是非常巨大的。在新能源汽车的发展中，还有一项至关重要的技术——制动能量回收技术，顾名思义，就是将车辆在制动过程中或下坡时的动能转换成能够立即利用或储存的能量，再次用于车辆的行驶中。制动能量回收技术有多种形式，如电储能式制动能量回收技术、飞轮储能式制动能量回收技术、液压/气压式储能式制动能量回收技术。在这项专利的申请上，最为突出的是日本，其次是中国，到2014年，中国共申请555项，如果在中国国内进行比较，则排名第一的是北京，这与北京拥有北京汽车集团，以及清华大学、北京理工大学、北京交通大学等科研实力较强的高校紧密相关。一般来说，拥有一定实力的车企和高校都会为专利的申请提供助力。

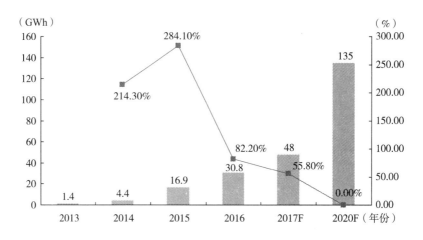

图5-9　中国动力电池市场规模

资料来源：根据公开数据整理。

5.4.3　代表性企业

（1）北汽。

北京是我国的首都，许多大型企业在这里扎根，在北京，最为知名的新能源汽车公司就是北京新能源汽车股份有限公司。2009年11月，世界500强企业北京汽车集团有限公司发起并控股，成立了北京新能源汽车股份有限公司，北京新能源汽车股份有限公司是目前国内纯电动汽车市场中规模最大、占有率最高以及产业链最完整的新能源汽车企业。该公司经营范围覆盖纯电动乘用车与核心零部件的研发、生产、销售和服务。目前，该公司已掌握了国内领先的三大关键核心技术，即电驱动系统集成与开发、新能源汽车控制系统开发、新能源车整车集成开发，构建了完整的新能源整车开发业务板块。北京新能源汽车股份有限公司现已开发出了E150EV、EV200、威旺306EV、绅宝EV等多款纯电动乘用车系列产品，以及一些关键零部件产品，如动力电池、电机动力总成、驱动控制系统、整车控制系统等。根据北汽 2017 年上半年的年报可知，2017 年上半年，该公司向市场投放 EX260、EH300、EU400 三款纯电动新能源汽车，综合工况续航里程提升至 360 公里。此外，2017 年 7 月 20 日，北汽股份与北汽新能源订立增资协议，认购北汽新能源增发的股份，增资完成后，北汽股份的持股比例为 8.15%。2017 年 11 月，北汽新能源发布"擎天柱计划"，五年内建 3000 座光储换电站，这项计划主要想通过换电和电池再利用技术，将新能源汽车、换电站、动力电池、光伏发电进行深度融合，构建一个具有集约、智慧、便捷特点的绿色出行生态，以实现新能源汽车全生命周期能源资源的高效利用，最终推动新能源汽车的可持续发展。据了解，这项计划的成功将会产生极大的经济效应和社会效应，首先可以缓解电网压力，其次可以实现退役动力电池的梯次利用，满足环保需求，为车主给汽车充电提供方便。随着"擎天柱计划"的发布，以北汽新能源为代表的换电模式已步入"2.0 时代"，即换电站升级为"换电储能光伏"的智能微网系统，该系统新增了由废电池回收而来的储能设备，利用光伏发电和国家电网峰谷电等为新能源汽车动力电池供电。2017 年 8 月，新能源汽车全球共销售 102889 辆，北汽的 EC180 销量最多，共销 6726 辆，排名世界第一，同时也是中国新能源汽车的销量第一。

（2）比亚迪。

位于广东省深圳市的比亚迪股份有限公司创立于 1995 年，从二次充电电池制造起步，2003 年进入汽车行业，同时布局新能源产业，至 2016 年 11 月，比亚迪在全球共建立了 30 个生产基地。比亚迪公司致力于新能源汽车的研发制造，在它的官网上，可以看到它拥有四大绿色梦想，它希望可以实现绿色的、节约能源的生活方式，改善环境，实现可持续发展。其中在电动车方面，比亚迪公司认为汽车工业的未来必然是电动车。比亚迪是目前全球唯一一家同时掌握了新能源汽车电池、电控、电机以及充电配套、整车制造等核心技术，并且拥有成熟市场推广经验的新能源汽车企业。公司从 2008 年开始，就成功推出了 e6、秦、宋等一系列普通电动车以及与戴姆勒合资制造的豪华电动车腾势等新能源汽车，与此同时还率先提出了"公交电动化"战略。比亚迪公司在 2016 年的年报中指出：比亚迪是全球新能源汽车研发和推广的先行者，在该领域拥有雄厚的技术基础和较大的市场份额，这些都为比亚迪公司在全球新能源汽车领域建立行业领导地位奠定了基础。比亚迪公司把新能源业务列为集团未来发展的重要范畴之一，公司下一步会依靠自身在新能源业务领域的技术和质量优势，积极拓展与新能源相关的其他业务，不断推动业务的可持续发展，建立公司在新能源汽车产业的长期可持续核心竞争优势。作为全球新能源汽车领域的领导者之一，比亚迪公司拥有强大的技术研发团队和科技创新能力，到目前为止，公司已经开发出一系列全球领先的前瞻性技术，在全球建立起新能源汽车领域的领先优势。同时，在动力电池领域，公司研发了高能量密度的三元电池和高度安全的磷酸铁锂电池，分别应用于电动乘用车和电动商用车领域，这些电池的研发解决了新能源汽车电池在安全性、续航里程和循环寿命等方面的全球性难题。公司目前已在动力电池领域建立了全球领先的成本优势和技术优势。比亚迪公司在商业推广方面也是比较成功的，其中纯电动出租车 e6 和纯电动大巴 K9 现已在全球 6 个大洲的 50 多个国家和地区成功运营，为伦敦、悉尼、中国香港、吉隆坡等多个城市的绿色环保公共交通问题提供了解决方案。在私家车市场，比亚迪推出的新一代双模电动汽车"秦"和"唐"在技术上进行了更新，使用的双模二代技术和双向逆变技术使其受到客户的广泛喜爱，连续两年包揽中国新能源汽车的销量冠军。2015 年、2016 年这两年，比亚迪的新能源汽车销量再创辉煌，连续两年超越海内外的竞争对手，成为全球新能源汽车销量的冠军企业。新能源汽车作为比亚迪公司的重要业务之一，公司将继续致力于对新能源汽车技术的突破创新和新能源汽车的应用推广，为推进传统燃油汽车向新能源汽车转换贡献力量，为推动产业变革添砖加瓦。比亚迪制定的"7 + 4"战略在未来将会推动公司新能源汽车的全方位发展，不断拓宽新能源汽车的应用范围，将新能源汽车从公交车、私家车、出租车领域不断延伸到其他领域，不仅包括一些常规领域，而且也包括如港口、仓储、机场等特殊领域，最终实现对道路交通运输的全覆盖。2016 年是比亚迪新能源汽车蓬勃发展的一年，这一年，比亚迪的新能源乘用车销量近 86000 辆，增速达到 65.41%，再度引领新能源乘用车市场。与此同时，新能源汽车总销量达96000 辆，同比增长 69.85%，销量蝉联全球第一。其中纯电动大巴的销量超过10000 辆，同比增长更是达到了 120.68%。根据第 1 电动网发布的数据，2016 年比亚迪新能源汽车在中国的市场份额达到 23%，在全球市场份额也已达到 13%，行业地位不断巩固。在乘用车领域，插电式混合动力车型销售可观，其中"唐"更是荣获 2016 年的中国新能源汽车销量冠军，同比增长 44.54%，销售近 25000辆。"秦"位居第二，纯电动乘用车 e6 名列第三。另外，比亚迪公司的纯电动公交和纯电动出租车在我国发展势头也较强劲。从中国客车统计信息网公布的数据可以得知，比亚迪公司的十米以上纯电动大客车销量已经连续三年保持行业第一。2016 年比亚迪新能源汽车业务的总收入占公司总收入的比例明显上升，业务同比增长了 80.27%，现已成为公司收入和利润的重要来源之一，这也为比亚迪公司新能源汽车的继续发展提供了动力。

北汽和比亚迪作为我国新能源汽车行业的领先者，都在以迅猛的势头发展壮大，不仅成为国内的佼佼者，更在国际上处于领先地位。在地理位置上，北汽位于我国的首都北京，处于清华大学、北京大学等知名科研院所的大环境中，更容易形成产学研相结合，拥有促进公司对新技术的研发环境，而且作为世界500强，北汽拥有雄厚的财力，为研发新技术也提供了保障。位于深圳的比亚迪，虽然没有许多高校和科研院所包围，但是深圳作为我国改革开放的窗口，其科技水平也处于较高水平，这为比亚迪能不停地研发新型新能源汽车提供了技术支持，作为民营企业，比亚迪可能在资金使用上会更加精打细算，更有动力去追求公司在市场上的领先地位。

5.5　行业展望

到2017年，我国在新能源汽车行业已经远远领先于世界许多国家。在2017年11月3日召开的2017新能源汽车生态大会上，北汽新能源发起并成立了"卫蓝生态联盟"，这一联盟的第一批成员单位包括北汽新能源、奥动新能源、CATL、北控清洁能源、比亚迪、北汽产投、当升科技、菲仕绿能、东旭蓝天、孚能科技、赣州豪鹏、汉能控股集团、华北电力大学、华为、匠芯电池、洁源新能、康得复材、龙源太阳能、普莱德、清华四川院、上海电巴、世纪金光、中清能绿洲、中再生、紫荆花开25家产业链相关企业。这将为实现环境可持续发展、丰富绿色出行，开展面向未来的商业模式探索和能源生态研究，全面推动绿色交通能源革命打造坚实的基础，提供重要的条件。2017年11月17日，第十五届广州车展开幕，共计131辆新能源车展出，占所有车型总数的1/10以上。各种新能源汽车技术、新能源车型被各大汽车企业所重视，其中宝马、大众推出了最新的高效充电性能的新能源车型；丰田、福特、路虎等展示了插电式混合动力车型；广汽、比亚迪、北汽等多家品牌纷纷带来最新款电动车亮相展台，日产聆风的续航能力更是到了400km。图5-10是来自第一电动网2017年关于新能源汽车销量的部分数据。

根据图5-10可知，我国新能源乘用车虽然在2017年1~9月销量偶尔有所下降，但总体销量却有着很大的提升，2017年9月与1月相比，新能源商用车销量增长了97.32%。而且中汽协9月发布的统计数据显示，2017年9月，我国新能源汽车的产量大约有77000辆，环比增长8%，同比增长79.9%。当月实现销售量大约78000辆，环比增长15.6%，同比增长79.1%，其中纯电动汽车实现销量约为40000辆，环比增长9.9%，同比增长103.3%；纯电动商用车销量约为16000辆，环比增长35.1%，同比增长41.4%；插混乘用车销量约为12000

辆，环比减少了3%，同比增长71.9%；插混商用车销量1000辆左右，环比增长25.7%，相比于前期出现的同比负增长，这个月仍然没有实现正的增长，比上年同期减少了13.9%。从表5-5中可以看出，排行全球销量前十的新能源汽车中，前四名都是中国新能源汽车公司生产的，在前十名中，中国企业一共有6家，销量约占全球总销量的24.2%，当然这与我国政府的优惠政策、广大的消费市场和一些城市实行上路单双号限制有一定的关系，但是从另一方面我们也能看出，我国的新能源汽车行业在蓬勃发展，现在正处行业的发展期，将有越来越多的企业进入这一市场，在全球范围内新能源汽车行业也仍然是热门。

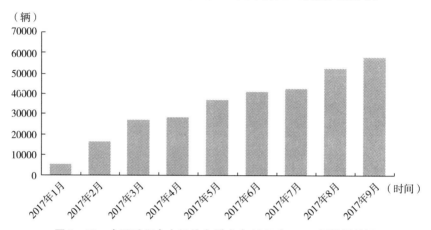

图5-10　全国乘用车市场信息联席会2017年1~9月销量数据

资料来源：第一电动汽车网。

表5-5　全球新能源汽车销量数据排名

排行	全球TOP10车型	销量（辆）
1	北汽EC180	6726
2	知豆D2EV	5018
3	比亚迪宋PHEV	4194
4	帝豪EV	4114
5	丰田普锐斯Prime/PHEV	3999
6	特斯拉Model S	3887
7	特斯拉Model X	3414
8	日产聆风	2770
9	江淮iEV6s	2603
10	奇瑞eQ	2245
	其他车型总计	63919
总计	全球总计	102889

资料来源：第一电动汽车网。

随着人们保护环境的意识普遍提高，绿色出行被越来越多的人倡导，电动汽车成为燃油汽车最佳的替代者，且使用成本低，只是充电续航里程的短板让很多顾客望而却步，值得高兴的是，在今年召开的广州车展上我们可以看到这一情况正在改善，越来越多的车型续航突破 350 公里，移动半径进一步扩大。随着电池技术的进步和成本的下降，国家可能会继续减少补贴力度甚至停止补贴，这将意味着新能源汽车行业将会迎来一个关口，那些在行业内没有竞争力或者拥有较小竞争力的企业将会慢慢被淘汰，而那些龙头企业则有可能会使他们的市场份额不断提升，新能源汽车发展向市场化过渡渐成趋势。现如今新能源汽车的续航问题和充电问题仍然是限制新能源汽车发展的大问题，加大产学研力度，使企业与承担前瞻性、预测性研究以及基础性技术和理论研究工作的高校、研究院展开合作，将会使企业迎来更好的发展。现在充电桩的建立还没有达到完全便利的水平，对于以后新能源汽车行业的发展，我国企业需进一步加强充电桩的建设，使未来新能源汽车的出行变得更加便利，更加没有后顾之忧。

新能源汽车的蓬勃发展是大势所趋，不管是政策鼓励还是现在企业对新能源汽车行业越来越重视，在未来，新能源汽车将逐渐淘汰燃油汽车成为汽车界的主流。

参考文献

严梦垠、郭萌萌：《京津冀一体化下新能源汽车问题研究》，《现代商贸工业》2016 年第 19 期。

刘恒硕、李军、张胜根：《新能源汽车种类及其关键技术分析》，《汽车零部件》2015 年第 4 期。

王学军、王艺贝、闫琳：《新能源汽车关键技术及其创新路径选择——以电机驱动系统 技术为例》，《科技和产业》2017 年第 9 期。

崔小发、王凯：《新能源汽车三大关键技术及其难点分析》，《汽车零部件》2018 年第 3 期。

李文辉：《新能源汽车产业链构建研究》，郑州大学硕士学位论文，2012 年。

杨铁军：《产业专利分析报告——新能源汽车》，知识产权出版社 2015 年版。

李国秋、范晓婷：《新能源汽车全球专利分析》，《现代情报》2017 年第 7 期。

第一电动汽车网 . http：//www.diyiev.com/

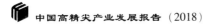

盖世汽车资讯．http：//auto. gasgoo. com/

豆丁网．http：//www. docin. com

百度文库．http：//wenku. baidu. c

比亚迪汽车官方网站．http：//www. bydauto. com. cn/

北汽新能源电动汽车官网．http：//www. bjev. com. cn/

6　高速动车组

李　欢

6.1　行业重要性

在这个交通非常发达的时代，人们无论是出门旅行、度假，还是出差、工作都可以非常顺利地进行。或许早晨你还身处北京，晚上就到了广州、海南。这其中2000多公里的距离，高速动车组发挥了巨大的作用。那么，什么是高速动车组呢？在世界各国的铁路行业中，对高速动车组的定义是有所不同的，如图6-1所示。

表6-1　高速动车组定义

国家/区域	定义
日本	运行速度超过200公里/小时的列车组称为高速动车组
美国	运行速度高于160公里/小时的动车组称为高速动车组
欧洲	旧线改造后的运行时速达到200公里以上，新建线路的运行速度在250～300公里/小时范围内的动车组称为高速动车组
中国	运行速度不低于250公里/小时的动车组称为高速动车组
国际	时速达到350公里以上的新建客运专用型列车和时速达到250公里以上的新建客货运混用型列车定义为高速动车组

资料来源：根据公开资料整理。

2004年，国务院对高铁行业的指导方针为"引进先进技术，联合设计生产，打造中国品牌"。中国铁道部为了落实提速计划，分别从法国阿尔斯通、加拿大庞巴迪以及日本的川崎重工购进了一批运行时速为 200 公里的列车组。起初，这些列车并没有运行在中国高速铁路线上，直到 2007 年，中国铁路的第六次大提速改革中才出现和谐号 CHR 系列动车组。2008 年 8 月 1 日，中国正式开通第一条高速铁路即京津城际高速铁路。此后 10 年间，中国高铁飞速发展并形成了在全世界处于遥遥领先地位的中国产业。

自我国高速铁路正式开通运行以来，高速动车组技术的不断创新与完善为我国经济的快速增长做出了相当重要的贡献。同时，在全球经济一体化的情况下，中国高铁也带动了世界经济的发展。

6.1.1 高铁行业的发展对国外的影响

距 2012 年首次提出"一带一路"倡议已有 5 年。如今，"一带一路"倡议正处于逐步务实阶段。随着中国铁路总公司宣布于 2017 年 9 月 21 日实行全新的铁路运行图，国产"复兴号"动车组在京沪线率先以时速 350 公里运行。这意味着，中国高铁行业时隔六年，又重新回到时速 350 公里运营。同时，中国中车集团与马来西亚、印度、欧洲等国家和地区签订了大额海外订单。无论是从零件到整车、从中端产品到高端产品、从不发达市场到发达市场，中国高铁已经逐渐登上世界高端市场的舞台。作为国民经济发展运行的大动脉，中国铁路在全球经济一体化中的重要作用尤为凸显。它是实现各国经济相互融合的重要工具。中国铁路的发展必定会带动"一带一路"经济带上相关国家的贸易往来与经济发展，为相关国家甚至全世界各国提供了更多的发展机遇，并且为打造人类命运共同体奠定了坚实的基础。

6.1.2 高铁行业的发展对国内产业的重要性

近些年，随着高铁行业迅猛发展，它逐渐形成巨大的市场规模。作为中国高精尖产业，中国高铁技术在当今世界各国中处于领先水平。高铁拥有很长的产业链，具有很强的技术和产业集群效应。它在繁荣发展的同时，也带动了许多相关产业的发展，包括电子、机械、材料及化工等与高铁发展紧密相关的各个行业。

我国高铁线路四通八达，纵横交错，贯通全国大多城市（见图 6 - 1）。高铁行业的迅速发展对沿线城市的经济发展具有推进作用。它不仅促进了沿线城市的经济发展和国土开发，还吸引了更多的企业入驻沿海城市，使国家税收相应增加（见图 6 - 2）。同时，与老式耗能火车相比，高铁行业应用新能源节约了能源并减少环境污染，使沿线城市焕发新活力。高铁对中国工业化发展起到了非常重要的促进作用，促使高铁沿线中心城市与卫星城镇选择重新"布局"——以高铁中心城市辐射和带动周边城市同步发展。随着高铁这一基础设施的发展，新型城

图6-1　"十三五"高速铁路规划线路图

资料来源：东北证券，国家发改委。

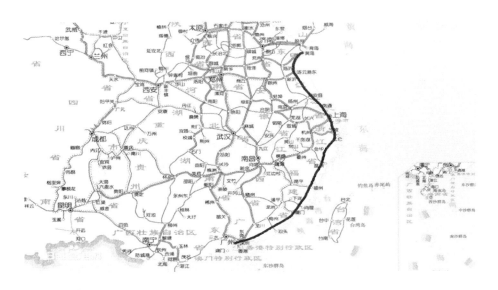

图6-2　高铁沿海路线图

资料来源：https：//baike.baidu.com/item/沿海铁路/8341477？fr=aladdin。

镇化建设加快推进，城镇化水平持续提高。同时，统筹区域发展，是全面建设小康社会的战略任务。中国区域发展的不平衡，一个重要原因是铁路基础设施发展不平衡。西部12省份占中国国土面积的71.5%，集中了中国50%以上的煤炭储量和81%以上的天然气储量，但进出西部的铁路能力十分有限。没有铁路大通道的保障，实施西部大开发是难以想象的。只有在各区域之间构建起运力强大、方便快捷的铁路通道，实现人流、物流、资金流、信息流的快速流动，才能更好地把欠发达地区的资源优势转化为经济优势。

6.2 行业关键技术

我国在研究国外高速动车组技术的基础上，通过不断钻研与创新，创建了属于自己的自主知识产权，使中国高铁在"走出去"时不会发生专利产权纠纷。目前，我国在高铁行业的技术与发展方面已经处于世界领先地位。我国高铁已经相继攻克了九大关键技术难题和十大配套技术难题（见表6-2）。

表6-2　行业关键技术

技术	名称
九大核心技术	动车组总成技术、车体技术、转向架技术、牵引变压器技术、主变流器技术、牵引电机、牵引传动控制技术、列车控制诊断检测技术、制动系统和相应配套技术
十套配套技术	座椅、空调系统、车门、车窗、集便装置、受流装置、车内装饰材料、风挡、辅助供电系统、钩缓装置

资料来源：根据公开资料整理，2017年。

6.2.1　九大核心技术

（1）高速动车组总成技术。

高速动车组总成技术又称系统集成，包括系统配置、参数优化、技术条件、工艺性能、设备布置、组装调试和实验验证。总成技术是其他技术的基础与接口，是车身舒适性、安全性的保证。

（2）车体技术。

车体技术主要包括：①车体轻量化技术；②车体密封技术；③气动外形技术。其中，车体轻量化技术包括采用新材料、新工艺、模块化、集成化、改变车体结构、优化结构设计。

（3）转向架技术。

转向架技术包括：①转向架轻量化技术；②牵引电动机悬挂技术；③转向架驱动技术；④转向架悬挂技术。转向架必须具备高的强度与刚度、运行稳定性、低的轮轨作用力、高的曲线通过能力、要结构简单安全，尽量少维修。它是高速动车组在车辆的承载、导向与减振，也是牵引与制动的执行系统。

（4）牵引变压器技术。

整个牵引系统是高速动车组运行的核心技术，相当于"心脏"。牵引变压器是整个牵引系统中耗能最高的，大约占30%。所以，体积小、耗能少、效率高是牵引变压器要具备的特点。目前，高铁采用两种新型变压器类型：电子变压器和高温超导变压器。

（5）牵引电机。

目前，我国高铁主要采用三相交流异步牵引电动机，不仅具有良好的结构、使用寿命、轻量化等特点，还有自我控制空转功能。

（6）牵引传动控制技术。

随着技术的不断不更新，高速动车组现在采用的是直接转矩控制（DTC）与直接自我控制（DSC）技术。它具备性能良好、易操作控制等特点。

（7）主变流器技术。

主变流器的主要发展方向是小型化、轻便化、节能环保无污染、安全可靠、经济适用。高速动车组采用的晶闸管从最早期的式样发展到GTO、IGBT、IPM以至IGCT。目前主要采用的是新型大功率半导体器件。

（8）列车控制诊断检测技术。

列控技术主要包括运行监控、故障检测诊断、通信网络等。它是高速动车组的神经系统，负责提前发现与排除故障，以避免动车组在运行途中发生的各种可能性危险。列控技术是高速动车安全运行的有力保障。

（9）制动系统技术。

高速动车组的系统制动技术主要包括：①基础制动技术；②复合制动技术；③动力制动技术；④非粘着制动技术；⑤防滑控制技术。高速动车组在运行期间会产生非常大的能量，系统制动技术就必须要解决降低动力能量、转化能量、减少能量消耗等一些问题。制动技术是高速动车组安全降速和停稳的保障。

6.2.2　高速动车组的十大配套技术

（1）座椅。

动车内设有VIP座椅、一等座位、二等座位与观光区座位。因为乘客们大多数的时间都是在座椅上度过的，所以很显然，座椅的舒适度与重要性尤为重要。座椅一致设置为朝着动车运行的方向，每张椅子后面还自带折叠桌子供乘客安放物品或休息。

（2）空调系统。

空调系统是每辆高速动车组必备的装置。它可以控制动车室内的温度、湿度、气流流速、清洁度以及排放废气供应新气等。给旅客带来宜人舒适的乘车环境与空气质量。

（3）车门。

高速动车组的车门包括外面的侧拉门与里面的内端门两种。其中，侧拉门只有在车停稳之后才可以打开。在列车运行期间，它不仅必须始终保持封闭且使用坚固的材料，还要具有良好的气密性与隔音功能。它是动车组与外界联系的最后一道防线。而内端门相比之下只是为了隔绝一定的噪声与冷风，使室内保持正常的温度。高速动车组的车门一般为感应的电动式滑门。

（4）车窗。

动车组的车窗也包括两种，分为驾驶室内的前窗与乘客室内的侧窗。具有隔绝噪声热量与为了避免时速过快给人们造成的视觉障碍的减速功能。

（5）集便装置。

高速动车组采用封闭式集便系统。尤其是集清洁卫生、成本廉价、安全可靠、无污染于一体的真空式厕所已经成为高速动车组的第一选择。

（6）受流装置。

无论是满足乘客乘车需求还是动车组人员以及高速动车组的需求，采用电力牵引的动车必须要通过弓网受流系统不断地从接触网上获得电能以维持运行。良好的安全运行性能、受流质量、使用寿命与减少噪声等是弓网受流系统必须具备的条件。

（7）车内装饰材料。高速动车组室内装饰通常采用白色或比较淡的色彩，符合旅客的视觉感觉，给人们一种轻松愉悦的感觉。同时，材料也符合无颜、无毒，无害的标准。

（8）风挡。

高速动车组通常使用密闭式橡胶风挡与双层折棚风挡，以减少两辆高速动车交汇或通过隧道时对旅客带来的耳膜压力波冲击。

（9）辅助供电系统。

这也是维持列车运行的一大保证。高速动车组通常采用列车线供电，与分布在车底的各电源干线并联供电。它从主变流器中直流环节取电，由辅助变流器与蓄电池等设备组成。

（10）钩缓装置。

钩缓装置是为了减少动车运行时所带来的纵向冲击，通常使用间隙非常小的密接式车钩，并设有弹簧缓冲器及橡胶轴承。中间的车厢一般使用半永久车钩连接或者与两段相同的密接式车钩连接。

6.3 国际发展情况

6.3.1 国外高速动车组的发展

在国际上，高速动车组已经有50多年的发展历史，并且已经逐步形成了比较成熟的技术体系。高速动车组在世界各国的发展不尽相同，各国发展各具特色。总的来说，各国之间的发展相互影响、相互促进，共同推动世界高速动车组技术的发展。

表6－3 国外最新研制车型技术参数表

车型	efSET	LO 系	NTV	ICE4	双层 NGT	ETR1000	HEMU－430X
牵引方式	动力分散		动力分散	动力分散	动力分散	动力分散	动力分散
编组/辆	8	5	7－14	7/10	10	8	6
动力配置	6M2T			3M4T/5M5T	2M8T	4M4T	
最大运行速度	350	500	300	230/249	400	360	370
定员/人	575	中间车定员68	250～650	365/701	1600	477	中间车定员160
牵引功率/kw	9700			8000	4950/8250	9800	

资料来源：国外高速动车组的发展趋势分析，2017 年。

（1）日本动车组研制情况。

世界上高铁发展的源头国当属日本。所以在长期的研发经验技术累积下，日本高铁拥有较好的安全可靠性、舒适性与高技术性。然而，很显然的是，日本所处的地理位置与国土面积布局使日本高铁技术仅适用于本国，无法推广到世界范围内应用。因此，近年来，日本川崎重工（轨道交通制造商）研发出了适应于国外复杂的地理条件和运行标准的高速动车组 efSET，即环境友好型动车组（见表6－4）。efSET 动车组全长约200 米，其中车头26.4 米，中间车身长为25 米，拥有8 辆编组，6 动2 拖，牵引功率9700kW，设计速度350km/h，定员575 人。

日本研发的另一动车组 L0 系超导磁悬浮动车以载人时速达 600km 创世界纪录。

表 6 - 4　日本最新动车组主要特点

动车组	特点	详细表述
efSET 动车组	节能环保	轻量化、空气动力学外形优异
	舒适宜人	拥有良好的转向架技术与主控系统、隔音隔热性能较高
	高安全性与可靠性	拥有国内外均能适应的阻燃性能与耐磨耐撞性能
L0 系超导磁悬浮列车	稳定性	车身采用新型铝合金金属材料，以保证运行的稳定性、安全可靠性
	轻量化、效率高	车体窗户使用较少、减少车体总重量、降低摩擦阻力、提高运行效率
	安全性	采用无人驾驶，车中安装列控技术，用以排除故障，避免出现事故

资料来源：国外高速动车组的发展趋势分析，2017 年。

（2）法国动车组研制情况。

法国新开发的第四代高速动车组 AGV 打破以往重视动力集中式的传统，采用动力配置式。这也是法国高铁今后一大重点技术研究方向。阿尔斯通为意大利 ITALIO 公司制造的 NTV——新一代 AGV 动车组，有动车中的法拉利之称。它大致采用的技术与 AGV 相同，最大的特点是车体 98% 的材料可以回收再利用，具有再生制动功能，还拥有灵活的模块化设计以灵活调整定员人数。

（3）德国动车组研制情况。

德国最新动车组车型包括 ICE4 动车组和双层 NGT 动车组（见表 6 - 5）。ICE4 动车组是由德国西门子公司生产制造，主要目的是缓解德国铁路上的长途客运线路的压力。而双层 NGT 动车组是德国宇航中心参与研发的双层动车组，10 辆编组，车身大量采用了航天航空领域的新材料，运行速度为 440km/h。

表 6 - 5　德国动车组特点

动车组	特点描述
ICE4 动车组	模块化设计、编组灵活、轻量化、阻力小、耗能少、使用列控技术
双层 NGT 动车组	碳纤维车体、轻量化、再生制动系统、非接触式感应电源、运行灵活性高、应用光学测控车钩技术、低能耗、低噪声、安全可靠、舒适度高

资料来源：国外高速动车组的发展趋势分析，2017 年。

（4）意大利动车组研制情况。

意大利高速动车组 ETR 1000 高速列车，又称 Frecciarossa 1000 型动车组，是由布雷达公司在 V250 系列列车基础上开发研制的。车身应用轻合金材料，这是可再生循环利用材料，具有高节能环保性。ETR 1000 高速列车装有满足欧洲铁道管理系统的车载信号设备，可以使列车在欧洲大部分国家运行，如比利时、奥地利、西班牙、瑞士等国家。其采用的重联编组方式，可以使列车在线路运行方面更灵活。列车高速运行时，可以为车内乘客提供相对静音的环境，噪声极小。

（5）韩国动车组研制情况。

韩国在高铁行业最新的研究成果是：耗时五年、花费 931 亿韩元研发出的 HEMU—430X 高速动车组。它采用了最新的空气动力学分析和动力分散式技术，减少 10% 的阻力。其外观具有明显的韩国风格。车身采用高强度铝合金材料，隔音效果明显。与之前的动车组相比，其加速度从 0 到 300km/h 只需要 233 秒。

6.3.2 国外动车组申请专利情况

我国高铁企业正在实施"走出去"战略。知识产权是我国高铁企业参与国际竞争最为敏感的问题。全球高铁市场迅猛发展，无论是日本、法国、德国、加拿大等传统高铁强国，还是中国、俄罗斯、澳大利亚等高铁"新兴成员"，都对高速动车表示出浓厚兴趣。对专利技术发展趋势进行分析可以了解该行业技术发展态势和发展动向。这有助于从业人员对行业有一个整体认识，并对研发重点和路线进行适应性调整。自 2012 年"一带一路"倡议提出以来，相关国家在高速动车组方面的专利申请情况如表 6-6 所示。

表 6-6　中国在"一带一路"主要市场国家及专利申请量　　单位：件

布局国家	中国	俄罗斯	印度	墨西哥	马来西亚	塞尔维亚	泰国	老挝
申请量	28296	14531	896	812	57	45	4	0

资料来源：产业专利分析报告，2016 年。

截至 2015 年 10 月 30 日，全球动车组技术自 1985 年以来的专利申请量为 32271 项。从 1985 年以来，全球高速动车组的专利申请量每年呈递增趋势。在 2011～2013 年申请量达到峰顶，2013 年后逐年下降，下降幅度极大（见图 6-3）。

从全球高速动车专利公开分布来看，中国占全球专利总量的 30% 左右，达 2600 项之多。中国高铁的快速发展，已经使高速动车领域成为全球最大的目标市场。日本的专利数量紧随其后，占全球总量的 15% 左右，达 1300 项之多。而欧洲、德国、美国公开专利分列第 3、4、5 名（见图 6-4）。日本是高速动车投入运行最早的国家，市场需求量显然非常巨大。而美国、欧洲等地幅员辽阔，对高速动车组技术与发展的需求更是非常大。因此，日本、美国等公开专利占比较高。中国作为高速动车组领域新加入的申请者，已经受到国内外各大企业的关注。中国地域辽阔，高速动车市场存在更大的发展空间，各大跨国公司争先抢占中国市场。这不仅给中国高铁领域的发展带来了机遇，也使中国高铁行业面临着更多技术和专利上的挑战。

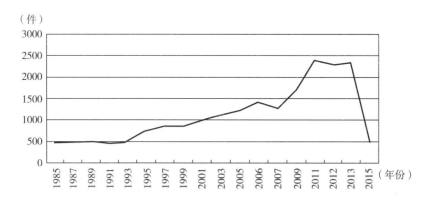

图 6 - 3　全球高速动车专利申请情况

资料来源：产业专利分析报告，2016 年。

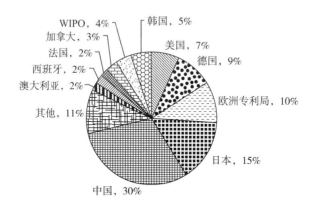

图 6 - 4　全球高速动车专利公开情况

资料来源：高速动车技术全球专利发展态势研究，2015 年。

专利来源国是指全球专利首次申请的国家，表明一个国家的技术创新能力与该领域的活跃程度。在专利来源方面，中国在相关专利产权政策的扶持下，已经拥有全球 49% 的专利。然而，其中 61% 的专利属于实用新型专利。因此，即使中国在专利来源数量方面占有优势，但技术质量方面还需要进一步提高。此外，还有 27 件国际申请与 17 件国外发明。因此，在海外市场方面，中国还需更加重视。日本申请人位居第二，专利来源数量占全球的 21%。主要是由于日本在该领域发展较早且国内跨国公司（如川崎重工、日立等）竞争较为激烈，促进了行业技术发展。同时，日本专利保护意识非常强烈，习惯把许多微小的改进都申请为专利，所以申请占比较多。德国、美国和法国的专利也比较多，原因也主要是这些国家的高速动车领域发展较早，技术有一定时间的积累，相对活跃。而韩国作为行业后起之星，专利申请人与欧洲专利局并列第五（见图6-5），技术创新能力不可忽视。

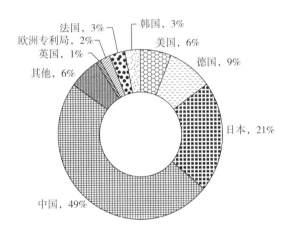

图 6-5　全球专利申请人分布情况

资料来源：高速动车技术全球专利发展态势研究，2015 年。

6.4　国内发展情况

6.4.1　高速动车组车型

高速动车组车次以大写字母 G 开头，是中国国家铁路线上一种运营旅客的交通工具。其综合地位排名高于其他任何类型车次的列车。主要车型为和谐号系列 CRH1、CRH2、CRH3、CRH5。CRH 是 China Railways High - speed 的缩写。考虑到乘客的心理因素，CRH 车型没有 4。其中，CRH1 和 CRH2 由原中国南车生产，而 CRH3 和 CRH5 由原中国北车负责生产。A 表示拥有 8 节车厢的普通组，B 表示拥有 16 节车厢的大编组，C 表示时速最高的高级组或中心组，E 表示卧铺动车组，G 表示耐高寒，J 表示高速综合检测车。各型号具体如表 6 - 7 所示。

表 6 - 7　高速动车组车型

狭义高速动车组		广义高速动车组
G 字头列车	CRH2C、CRH3C、CRH380、CRH380A、CRH2、CRH3、CRH5	大部分和谐号 CRH 系列动车组、复兴号 CR 系列动车组、上海 TR08 型磁悬浮列车、曾经众所周知的"中华之星"等。
京津城际 C 字头列车	CRH2C、CRH3C	
部分 D 字头列车	CRH1	

资料来源：根据公开资料整理。

（1）G 字头系列，即高速动车组列车。

包括 CRH2C、CRH3C 型动车组（CRH2C 是中国首款高铁车型，CRH3C 在它之后开行）、CRH380 系列动车组及中国标准动车组。其中，由中国南车集团研制的 CRH380A 高速动车组列车是中国国产"和谐号"CRH380A 新一代高速动车组的简称。CRH380A 高速动车组列车在京沪高铁测试段，最高时速达到 486.1 千米，再次刷新世界铁路运营试验最高速。

（2）CRH1 型动车组（全部为 D 字头动车）。

CRH1 型高速动车组是由中国南车四方机车车辆股份有限公司与加拿大庞巴迪运输有限公司合资的公司——青岛四方—庞巴迪铁路运输设备有限公司（BST）生产。

（3）CRH2 型动车组。

CRH2 型动车组时速达 350 千米。它是以日本新干线的 E2 - 1000 型电动车组为基础，继台湾高铁的 700T 型电联车后，第二款出口国外的新干线列车。其中 CR2HC 型为高速动车组，CHR2G 耐高寒型动车组应用于哈大高铁。

（4）CRH3 型动车组。

CRH3 型动车组能以时速 350 千米平稳运行。原型为德国西门子的 ICE3 型动车组，由原中国北车集团唐山轨道客车有限责任公司制造生产。CRH3 动车组为 4 动 4 拖 8 辆编组，采用电力牵引交流传动方式，由 2 个牵引单元组成，每个牵引单元按两动一拖构成。

（5）CRH5 型动车组。

CRH5 型动车组时速达 250 千米。原型为法国阿尔斯通的 SM3 型动车组，由原中国北车集团长春轨道客车股份有限公司生产制造。

（6）京津城际 C 字头列车。

京津城际列车全称为京津城际铁路高速列车，时速为 300 千米，是拥有完全自主知识产权和代表世界先进水平的国产的 C 系和谐号列车。主要车型有 CRH2C 和 CRH3C 型高速动车组。

6.4.2 国内动车组特点

表 6-8 我国高速动车组特点

特点	说明
高速度，耗时少	持续运行时速为 350 千米。高速动车组大量采用高架桥梁和隧道。与普通列车相比，到达目的地所用时间更短
安全性	临界时速为 350 千米。车身各个指标都远低于安全限度标准。高速铁路非常平顺，采用无砟轨道，且弯道少
舒适性	运行平稳性与舒适性均在优级范围内。即使时速在 350 千米，车内噪声也能控制在 68dbA 以内，车内压力变化 200Pa/s。座位宽敞舒适
节能环保性	高速动车组拥有低运行阻力，车身轻量化。再生制动功率和利用率高，人均百千米能耗近 4.6kWh。且高速动车运用动力牵引，不消耗燃油，非常环保
先进性	高速动车组车体采用铝合金空心型。采用了先进的 IBGT 功率和 VVVF 控制牵引方式
高成本性	由于高速动车组运用大量先进技术，材质好，投入心血多，造成成本较高
输送力强	据调查，高速动车组年均单向输送能力为 8760 万人

资料来源：根据公开资料整理。

6.4.3 中国中车股份有限公司

中国中车股份有限公司是由中国南车集团与中国北车集团合并而来，简称"中国中车"，缩写为"CRCC"，属中央企业。经中国证监会核准，2015 年 6 月 8 日，中国中车在上海证券交易所和香港联交所上市。根据 2016 年 6 月公司官网介绍，集团拥有 46 家全资及控股子公司，员工 17 万余人，集团总部设在北京。中国中车集团在 2016 年中国企业 500 强中排名第 53 位。2017 年 7 月 12 日，国资委在对中车集团的年度经营业绩考评中将其评为 A 级。

中国中车在合并南车北车的同时，也继续接手其全部业务。其经营的范围广、品类多、满足多样化的市场需求，包括动车组、铁路机车车辆、城市轨道交通、各类机电设备、环保设备的研发、设计、进出口业务等。截至 2016 年，中国中车出口涉及 101 个国家和地区。在 2011～2014 年短短 4 年间，中国中车在海外签约额年均增长 55.7%，并相继与欧洲、美国、印度各国成功签订大额订单。

6.4.4 国内高铁行业资金投入情况

自 2003 年起我国每年对高铁行业资金投入如表 6-9 所示。

表 6-9 我国高铁行业资金投入

时间	高铁线路	线路长度（千米）	资金总投入（亿元）
2003.10.12	秦沈客运专线	404	150
2007.03.2	台湾高铁（台北至高雄）全线	345	5000 亿台币
2008.04.18	合宁客运专线	166	250
2008.08.1	京津城铁	120	215
2008.12.24	胶济客运专线全线	363	95.8
2009.04.1	石太客运专线	190	130
	合武铁路客运专线	356	168
2009.09.28	甬台温铁路	282	155.3
	温福铁路	298	174.8
2009.12.26	武广客运专线	1069	1166
2010.01.28	郑西客运专线	457	501
2010.04.26	福厦高铁	273	144.2
2010.05.1	成灌高铁	66	69.87
2010.07.1	沪宁城际高铁	300	394.5
2010.09.20	昌九城际高铁	131	65
2010.10.26	沪杭高速铁路	160	440
2010.12.30	长吉城际高铁	108	96
	海南东环高铁	308	200
2011.01.7	广珠城际轨道	116	70
2011.06.30	京沪高铁	1318	2209
2011.12.26	广深港高铁（广州南至深圳北段）	102	205
2012.06.29	龙厦高铁	171	62
2012.07.1	汉宜高铁	291	237.6
2012.09.28	石武高铁（郑州至武汉段）	840.7	1167.6
2012.10.16	合蚌客运专线	130.67	97.5
2012.12.1	哈大高铁	904	924

时间	高铁线路	线路长度（千米）	资金总投入（亿元）
2012.12.26	京广高铁	281	438.7
2013.07.1	宁杭高铁	248.963	237.5
	杭甬高铁	149.89	212
2013.09.26	向莆铁路	603.6	
2013.12.1	津秦高铁	257	338
	渝利铁路	287	
	衡柳铁路	498	
2013.12.30	南钦高铁	99	97.6
	钦防高铁	62.6	49.9
	沪汉蓉高速铁路	1985	
2014.07.30	廊开府—马塔府	737	3925 亿泰铢
	清孔—帕栖	655	3488 亿泰铢
2014.12.10	杭长高铁	933	
2014.12.26	南广铁路	577.1	
	兰新高铁	1776	
2015.08.17	哈齐高铁	279	
2015.12.26	成渝高铁		
2016.01.10	郑州东至沈阳北的 G1286/7、G1288/5 次列车	1375	

资料来源：根据公开资料整理，2017 年。

　　我国在高铁行业投入的资金额非常巨大。相比之下，外国对高铁行业投入的资金明显低于我国。我国修建一千米高速铁路的成本为发达国家修建一千米成本的 2/3 左右。这也是我国高铁技术领先世界水平的一个重要原因。

6.4.5　专利申请情况

　　自"一带一路"倡议提出以来，我国在高速动车领域的专利申请数量为28296 项，范围覆盖从零部件到完整车体的各个方面。其中，高速动车的座椅专利是最能体现人性化的设计。据统计，相关专利共有 166 件，自 2012 年开始提速增长，到 2015 年已经达 54 件。这些专利以实用新型为主。同时，在列车行驶时，阻挡噪声尤为重要。因此，声屏障是阻止噪声、保证高铁安静运行的保障，也能保证列车所到之处不会对周围产生噪声影响。图 6 - 6 为 2001 ~ 2016 年国内高速动车座椅申请数量分布。图 6 - 7 为 2006 ~ 2016 年国内声屏障技术专利申请数量。

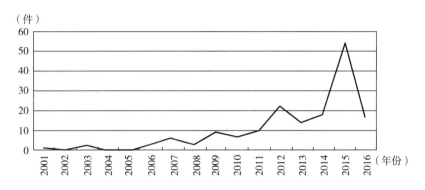

图6-6　国内高速动车座椅申请数量

资料来源：国家知识产权网，2017。

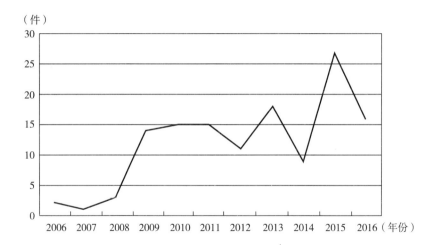

图6-7　国内声屏障技术专利申请数量

资料来源：国家知识产权网，2017。

6.5　行业展望

中国高铁正在实施"走出去"的战略布局，面向全世界实现更好的发展，加快与国际接轨，实现互联互通，提高装备适应能力。中国高铁未来的发展主要有以下几个方面：

第一，随着我国人口频繁流动、物流业和交通运输业的快速发展，高铁铁路里程将继续扩张。据估计，到 2020 年，高铁里程将达到 3 万千米；到 2025 年，我国高铁里程数将达到 3.8 万千米；到 2030 年，里程数将达到 4.5 万千米（见图 6-8）。

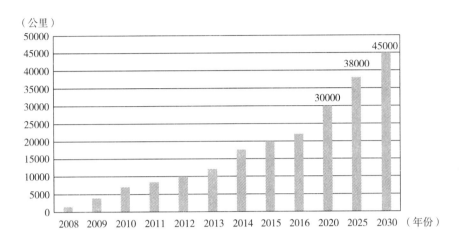

图 6-8　中国高铁营运总里程

资料来源：东北证券，国家统计局。

第二，从资金投入与生产数量方面来看，据规划，我国五年内在铁路上投入的资金将在 3.5 万亿~3.8 万亿元。但按照历史的规划与最终投资金额预测，铁路在未来五年的投资金额将达到 4 万亿元左右，相当于每年约投资 8000 亿元（见图 6-9）。

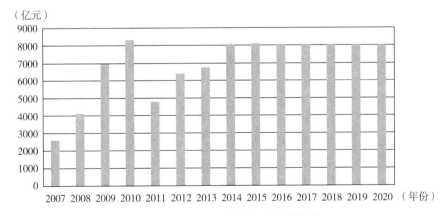

图 6-9　铁路固定资产投资总额变化

资料来源：东北证券，国家统计局。

第三，对于区域发展来说，未来几年高铁将重点在沿江城市发展。沿江高铁将串起东中西三大板块以及长三角、长江中游和成渝三大城市群，促进区域协同发展，构建生产要素合理的梯度分配与布局。

第四，从人才需求来看，虽然我国高铁技术已经在世界上达到一流水平，但真正要掌握核心技术还需要进一步突破式创新发展。只有掌握原创技术，才能在实际工程与社会经济服务领域中发挥更大的作用。要不拘一格、不唯地域地引进技术创新人才。未来几年内，根据科技水平，为了向人们提供更方便的交通工具与舒适的环境，中国高铁将研究具有更高时速的高速动车组与磁悬浮列车。中国高铁也会越来越注重绿色环保，并研发循环利用可再生材料，以达到安全可靠、轻量化的目标。

总之，在"一带一路"倡议和国家政策指导下，中国高铁行业具有巨大的潜力与机遇。这不仅是整个行业的机遇，也是向世界展示中国综合国力与大国水平的有力证明。中国高铁行业的发展将随着时间推移取得更多的突破与创新，更上一层楼。

参考文献

李瑞淳：《世界铁路高速列车 50 年的发展和进步》，《国外铁道车辆》2014 年第 6 期。

韩文娟、董晓鹏：《国外高速动车组的发展趋势分析》，《机车车辆工艺》2017 年第 4 期。

李宝仁：《中国铁路"走出去"若干问题的思考》，《中国铁路》2010 年第 1 期。

李芾、安琪：《国内外高速动车组的发展》，《电力机车与城轨车辆》2007 年第 5 期。

王小红、谭克虎：《B 篇：试论我国发展高速铁路的基础》，《铁道经济研究》2009 年第 4 期。

林晓言：《高速动车组的重要经济影响》，《中国铁路》2007 年第 4 期。

景帅、余建烽：《从欧洲高速铁路发展史浅谈我国的和谐号动车组》，《硅谷》2013 年第 14 期。

刘瑞扬：《构建京津城际高速动车组安全质量保障体系的思考与实践》，《中国铁路》2009 年第 12 期。

谭克虎、张宇：《欧洲高铁货运业务发展模式研究》，《中国铁路》2014年第1期。

佚名：《中国正引领世界高速铁路发展》，《工业设计》2011年第4期。

强志：《中国铁路发展面临机遇和挑战》，《铁道知识》2009年第1期。

金学芳：《基于协同论的企业并购对技术创新绩效影响研究》，天津工业大学，2017年。

郭姗姗：《中国高速铁路技术专利权保护问题探析》，中国青年政治学院，2013年。

赵进：《动车组制动实验系统研究》，北京交通大学硕士学位论文，2008年。

董锡明：《近代高速列车技术进展》，《铁道机车车辆》2006年第5期。

刘能文：《时速200公里动车组辅助供电系统的研究》，中南大学，2011年。

杨迪、秦达超：《浅谈高速铁路》，《中国证券期货》2011年第7期。

刘丰之：《高速铁路枢纽站客流集散微观仿真》，北京交通大学硕士学位论文，2010年。

郭文武：《新常态下的中国铁路与工程机械》，《建筑机械》2015年第8期。

胡希冀：《高速列车作用下桥梁结构的动力性能研究》，太原理工大学硕士学位论文，2010年。

国家知识产权局. http：//www. sipo. gov. cn/mtsd/201707/t2017070 5_ 1312412. html。

产业专利分析报告（第48册）——高速动车组和高铁安全监控技术，2016.

Shi H L & Luo R & Pingbo W U & et al.（2014），"Application of DVA theory in vibration reduction of carbody with suspended equipment for high – speed EMU"，中国科学：技术科学.

高铁行业深度报告：中国高铁里程世界第一，"八纵八横"驰骋全球 http：//www. 360doc. com

高速铁路_ 数码移动存储世界_ 数码. http：//www. xici. net/

华融证券 – 高端装备制造业专题策略报告：引领中国未来产业升级的主力军 – 101217 – docin. com2011，豆丁网 http：//www. docin. com

高铁时代：开启真正的"地球村"时代. http：//blog. sina. com

高端装备制造业专题策略报告 – 豆丁网. http：//www. docin. com

全国高铁及（44个）高铁火车站景. http：//www. 360doc. co

中国发展高速铁路是必然的选择. http：//www. book118. c

高速铁路_ 高铁文化主题博客. http：//blog. sina. com

高速铁路. http：//wenku. baidu. c

高铁及路网规划 2．http：//www．360doc．co

高铁－国搜百科．http：//baike．chinaso

高速铁路的发展．http：//www．worlduc．c

高速铁路_百度百科．http：//baike．baidu．c

修建高铁的意义．http：//wenku．baidu．c

Yang S. B. & Wu M. L., "Study on Harmonic Distribution Characteristics and Probability Model of High Speed EMU Based on Measured data", *Journal of the China Railway Society*, 2010.

Clifford Winston & Fred Mannering, "Implementing Technology to Improve Public Highway Performance：A Leapfrog Technology from the Private Sector is Going to Be Necessary", *Economics of Transportation*, 2014, 3（2）：158 – 165.

7 自动驾驶

盛茜迪

7.1 行业重要性

自动驾驶是指汽车依靠人工智能、视觉计算、雷达、监控装置和全球定位系统协同合作，让计算机在没有驾驶者主动操作的情况下，自动安全地操作机动车辆。它整体上包含两个概念，即无人驾驶和辅助驾驶。

无人驾驶：汽车能够自己操作所有安全性相关的驾驶功能，并在整个行驶过程中监测道路情况，而不需要驾驶者提供任何控制操作。

辅助驾驶：驾驶者在操作车辆的同时，汽车也给出部分自动控制的功能。

目前全球汽车行业公认的自动驾驶的等级制度分别是由美国国家公路交通安全管理局（NHTSA）和美国汽车工程师学会（SAE）提出的，如表 7-1 所示。

相关的研究表明，自动驾驶技术会减少高速公路安全事故发生的概率，使交通变得更加顺畅，停车难的问题也会得到有效的缓解，而且将会改善空气污染。这些好处无疑会加快自动驾驶行业的发展步伐。

（1）增强交通安全性。

根据 2017 年世界卫生组织提供的数据，全世界每年因道路交通事故死亡的人数约有 125 万，相当于全球每天有 3500 人因交通事故死亡。数据显示，每年还有几千万人因此而受伤或致残。但是据美国高速公路安全保险研究所的一项研究表明，94% 的事故与驾驶员的决策和操作失误有关，全部安装自动驾驶装置能使高速公路事故死亡数量减少 31%，每年可挽救 11000 条生命。

（2）缓解交通拥堵。

城市交通拥堵的原因有几个方面：首先，汽车数量不断增加，但相应的停车

表7-1 自动驾驶技术的分级

分级	美国国家公路交通安全管理局（NHTSA）、美国汽车工程师学会（SAE）自动驾驶分级标准					
NHTSA	L0	L1	L2	L3	L4	
SAE	L0	L1	L2	L3	L4	L5
称呼	无自动化	驾驶支持	部分自动化	有条件自动化	高度自动化	完全自动化
SAE定义	由人类驾驶者全权驾驶汽车，在行驶过程中可以得到警告	通过驾驶环境对方向盘和加速减速中的一项操作提供支持，其余由人类操作	通过驾驶环境对方向盘和加速减速中的多项操作提供支持，其余由人类操作	由无人驾驶系统完成所有驾驶操作，根据系统要求，人类提供适当的应答	由无人驾驶系统完成所有驾驶操作，根据系统要求，人类不一定提供所有的应答，限定道路和环境条件	由无人驾驶系统完成所有的驾驶操作，可能的情况下，人类接管，不限定道路和环境条件
主体 驾驶操作	人类驾驶者	人类驾驶者/系统	系统			
主体 周边监控	人类驾驶者			系统		
主体 支援	人类驾驶者				系统	
主体 系统作用域	无					全域

资料来源：https://yq.aliyun.com/articles/89317。

场却不够，司机会为了寻找停车位不断地绕行，这是造成拥堵和污染最主要的原因；其次，路口交汇太多，交通信号灯会暂时阻断车辆的流动，因为交通信号灯是按固定的时间设定好的，如果车流量太大，就会造成回堵的情况。而如果采用无人驾驶技术，并且占到车流量较大的比例，那么车载感应器就可以和智能交通系统相联系，缓解道路交叉口车辆拥堵的现象。同时信号灯也将不再是静止的，会根据车流量实时变动。

（3）减少车库的占用面积。

根据实验，采用自动驾驶技术停车时，可将车辆每侧的预留空间减少10厘米，每一个停车位将减少1.96平方米。假如车库供传统汽车和自动驾驶汽车使用，那么需要的车库空间将减少26%；如果车库专供自动驾驶汽车使用，那么车库空间能减少62%。这样就能节省出大面积的土地，这些土地可以用在对车辆和行人更有价值的方面。

（4）减少空气污染。

汽车尾气的排放是造成空气污染的主要原因之一。自动驾驶汽车其电脑会根据汽车行驶的需要自动分配供油量以达到最佳的状态，不会有多余的有害物质排出。而且，相对于手动驾驶，自动驾驶技术可以更流畅地加速、减速，这样就能更好地提高燃料的利用率。所以，增加自动驾驶汽车的数量能有效地减少空气污染问题。

7.2 行业关键技术

7.2.1 传感器

传感器是自动驾驶汽车的眼睛，负责采集自动驾驶车辆所需要的信息，包括感知车辆自身的状态信息和车辆行驶的周围环境信息，为自动驾驶车辆的安全行驶提供及时、准确、可靠的决策依据。按照自动驾驶不同的技术路线，传感器可分为三种类型：激光雷达、传统雷达和摄像头。

（1）激光雷达。

激光雷达是目前应用最广泛的设备，它是利用激光技术进行测量的传感器，由激光器、激光检测器和测量电路组成。它的优点是能实现无接触远距离测量，速度快、精度高、量程大，抗光、电干扰能力强等。将它安在自动驾驶汽车的车顶上，就可以利用激光脉冲对附近的环境进行距离检测，并和其他的软件结合描绘出 3D 图案，这样就可以为自动驾驶汽车提供充足的环境信息。但是它的缺点是价格昂贵，难以在量产汽车中使用。目前，Google、百度、Uber 等公司的自动驾驶技术目前都依赖于它。

（2）传统雷达和摄像头。

传统雷达和摄像头工作的原理与现在车载的 ACC 自适应巡航系统相似，通过在汽车周围覆盖全方位视角的摄像头和前置的雷达来识别三维空间信息，这可以保证车辆之间不会相互碰撞。因为激光雷达价格比较昂贵，所以一些车企选择用传统雷达和摄像头来替代激光雷达。例如，特斯拉就是采用雷达和单目摄像头。

尽管传统雷达和摄像头价格较低，易于大量生产，但却对摄像头的识别能力提出了较高的要求。单目摄像头需要对目标进行识别，就是说在测距之前得先识别障碍物是人、车还是别的东西，在此基础上再进行测距。它的缺点是需要建立并不断地更新和维护大量的数据，如果缺乏识别目标特征的数据，就很有可能引发事故。双目摄像头不需要知道障碍物是什么，通过计算就可以测距，但是它的难点在于计算量较大。

7.2.2 高精度地图

为了保证自动驾驶的安全性，需要准确定位车辆的位置，往往需要达到厘米级的精确程度，那么就需要高精度地图为其提供保障。所谓的高精度，一方面是高精度电子地图的绝对坐标精度更高；另一方面就是所包含的道路交通信息元素更加的丰富和细致。高精度地图通过对车辆准确定位，将其还原在不断变化的交通环境中。

7.2.3 V2X

V2X 具有复杂的环境感知、智能决策、协同控制和执行等功能，运用网络和通信技术实现车与 X（人、车、交通设施、云端数据库）智能信息的交换互享，帮助自动驾驶汽车掌握实时的路况和驾驶信息，从而做出决策。

7.2.4 AI 算法

AI 是自动驾驶技术中最关键的部分，它的本质是对车辆行驶过程中各类数据的处理。通过收集传感器、V2X 和高精度地图提供的数据，以及驾驶经验、驾驶规则和周围的环境信息，可以不断地优化算法。随着自动驾驶级别的提升，需要处理的数据也会产生量的变化。图 7 - 1 是自动驾驶关键技术示意图。

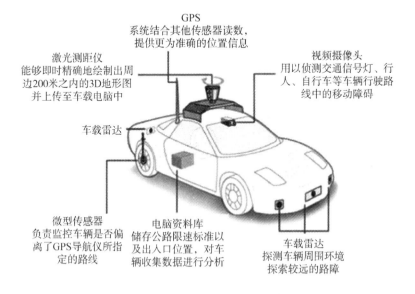

图 7 - 1　自动驾驶关键技术示意图

资料来源：https://wenku.baidu.com/view/68406822998fcc22bdd10d2f.html。

7　自动驾驶

7.3　国际发展情况

7.3.1　专利情况分析

根据每年在自动驾驶汽车技术方面申请专利的数量，可以看出该技术随时间变化的情况。近一两年由于专利公开和相应数据库更新不全，所以对专利数量的分析只到 2013 年，结果如图 7 - 2 所示。

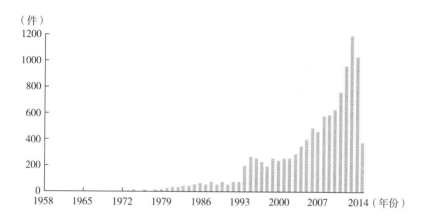

图 7 - 2　自动驾驶汽车技术专利数量随时间变化趋势（截至 2013 年）

资料来源：根据公开资料整理。

由图 7 - 2 可以看出，在自动驾驶技术方面申请的专利数量随着时间的推移呈上升趋势。同时可以为这种技术的发展划分三个阶段：1958 ~ 1993 年，专利申请的数量较少，此时为技术的起步阶段；1994 ~ 2003 年，专利的申请数量有所增加，为技术的探索阶段；2004 ~ 2014 年，专利的申请数量飞速增多，为技术的快速发展阶段。从这个趋势可以预测：自动驾驶技术正处在飞速发展的时期，在这一时期会出现新的技术和成果突破。

图 7 - 3 是自动驾驶汽车技术专利申请数量排名前十的国家。

由图 7 - 3 可以得出：从自动驾驶汽车技术专利的申请数量来看，日本和美国处于领先地位，申请的专利数分别为 2632 件和 2457 件；其次是中国和德国，专利数分别为 1192 件和 1036 件；其他国家的专利申请数量都在 1000 件以下。

· 123 ·

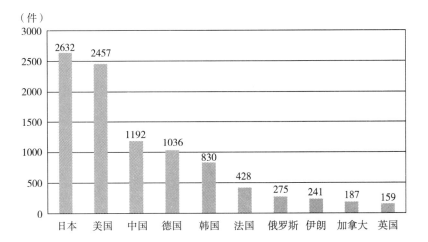

图 7 - 3　自动驾驶汽车技术专利申请数量排名前十的国家（截至 2013 年）

资料来源：根据公开资料整理。

2017 年 8 月，科隆经济研究中心（Cologne Institute for Economic Research）对在 2010 年 1 月至 2017 年 7 月期间与自动驾驶汽车相关的 5839 项专利进行分析，发布了一项在自动驾驶汽车研究领域排名前十的公司名单，如图 7 - 4 所示。

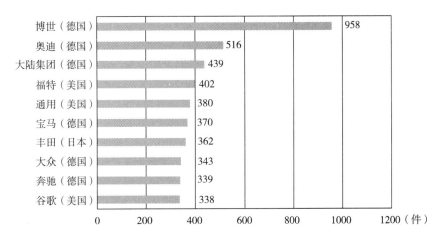

图 7 - 4　自动驾驶汽车研究领域专利申请数量排名前十的公司（2010.1 ~ 2017.7）

资料来源：statist。

由 7 - 4 可以看出：在自动驾驶研究领域专利申请数量排名前十的公司中有 6 家德国公司，3 家美国公司，1 家日本公司。其中博世处于榜首地位，申请了 958

项专利，远远超过了排名第二的奥迪（516 项专利）。而被大多数人认为在自动驾驶界处于领先地位的谷歌公司所持有的专利申请数量在 Top 10 中排名垫底。同时可以看出进入前十的六家德国公司专利申请数量合计为 2965 项，远远超过了美国三家公司的 1120 项。所以德国汽车将继续在自动驾驶行业保持强有力的领导者地位。

7.3.2　主要国家和地区的布局重点

从国内外考察自动驾驶的发展情况，美国和德国处于领先地位，日本和韩国紧随其后，我国处于追赶状态。

（1）美国。

美国国防部高级研究计划局（DARPA）在 20 世纪 80 年代初就对自动驾驶车辆的军事化研究提供了大规模的支持。21 世纪，自动驾驶汽车民用化以后，美国在州层面积极推进自动驾驶立法，佛罗里达州、加利福尼亚州、密歇根州以及内华达州相继出台了关于自动驾驶的法律，其他的州也在计划出台。2016 年美国国家公路交通安全管理局（NHTSA）对自动驾驶汽车进行了分类，并对部分州提出了测试自动驾驶汽车的建议。谷歌公司在 2009 年已开始无人驾驶技术研发，是加州测试里程最多的企业。苹果公司在 2017 年获得了在加州的路测许可证。作为第一大网约车服务公司，Uber 已经在旧金山、加州、匹兹堡等地进行了无人驾驶路测。第二大网约车服务公司 Lyft 也在 2016 年公布了它的自动驾驶三阶段发展计划。

（2）德国。

德国政府在 2015 年已经允许在连接慕尼黑和柏林的 A9 高速公路上进行自动驾驶汽车的测试。为了支持柏林的 Diginet – PS 开发关于自动驾驶的系统，交通运输部门在 2017 年还对其发放补贴，除此之外，还为其提供实时交通信息。柏林自由大学研究出了一款名为"德国制造"的无人驾驶汽车，乘客可以用智能软件向该车发送信息，通过全球定位系统该车可以确定乘客所在的位置，从而选择最优的路线，以最快的速度去搭载乘客。

（3）英国。

英国政府在 2013 年为了支持在小城米尔顿·凯恩斯的道路上进行的无人驾驶汽车实地试验，拨款 150 万英镑。它推出了名为"豆荚"的自动驾驶汽车，行驶速度为 19km/h，它们在专用的道路上接载通往市区各地的乘客。2015 年，政府只是推出了 20 辆有驾驶员管理的"豆荚"，但在 2017 年已经推出了百辆无人驾驶的"豆荚"。政府在政策上大开绿灯，并且早在 2014 年就成立了专项基金，开展各类测试示范项目，并给相关的技术研究提供资金支持。2015 年 2 月，英国政府发布了无人驾驶汽车上路测试的官方许可。2016 年交通部宣布允许在伦敦街头进行自动驾驶汽车的测试，并将在 2017 年允许无人驾驶车在高速公路与重要道路上进行测试。

（4）日本。

日本国土交通省在 2012 年 6 月召开研讨会，该研讨会两个月召开一次，参加会议的有日产、丰田、本田马自达、富士重工等大型车企，用以研究自动驾驶技术的实用化，它们还计划在高速公路上设立专用的车道作为自动驾驶的指定场所。此外，还鼓励车企展开国际研发合作，日产与牛津大学、斯坦福大学、卡内基梅隆大学、麻省理工大学已经开展了多年的自动驾驶合作研发。

（5）韩国。

韩国政府希望加大在基础设施方面的发展来推动自动驾驶汽车的发展，2017 年交通部打算在自动驾驶汽车的基础设施方面投入人民币 1.7 亿元，其他部门也将投入资金，共同支持自动驾驶技术的发展。韩国的互联网公司 Naver 在 2017 年 5 月成为第 13 家获得允许在公路上测试自动驾驶汽车的汽车研发企业，并计划在 2020 年将 3 级自动驾驶汽车商业化。

（6）中国。

中国在自动驾驶方面发展得比较晚，但在研究机构和各大高校的推动下已经得到了飞速发展。2015 年 6 月，工信部批准上海国际汽车城作为国内第一个智能网联汽车试点示范区，类似的示范区还有北京、重庆、杭州、武汉、长沙等。北京已经颁布了智能汽车与智慧交通应用示范五年行动计划，将分时期部署 1000 辆自动驾驶汽车实现基于开放道路、半开放道路和封闭道路的多种复杂场景下的应用示范，并打算在 2020 年末完成在北京开发区范围内所有主干道的智慧路网改造。

根据国内外政府和汽车制造商的发展规划，2020 年将是自动驾驶汽车实现实用化的关键时间点。表 7 - 2 是各国政府和企业发展自动驾驶的愿景。

表 7 - 2　各国政府和企业发展自动驾驶的愿景

政府或企业	愿景或计划
日本经济产业省	2020 年东京奥运会自动驾驶出租车投入运行；2030 年目标是使每 5 辆汽车中有 1 辆成为自动驾驶汽车
日本日产	在 2020 年推出多款搭载商业化自动驾驶技术的量产车型
日本丰田	力争于 2020 年实现自动驾驶汽车的商业化，投入市场销售
美国福特	在 2021 年之前开始量产不配备方向盘和油门的完全自动驾驶汽车
美国谷歌	计划在 2020 年前后完成自动驾驶汽车的实用化
德国戴姆勒	力争 2025 年之前实现自动驾驶卡车实用化
中国百度	2015 年 12 月宣布计划 3 年实现自动驾驶汽车的商用化，5 年实现量产

资料来源：根据公开资料整理。

7.3.3 代表企业

（1）谷歌。

谷歌在自动驾驶技术方面处于领跑者的地位。在 2007 年 Google 实验室就开始计划自动驾驶汽车的研究。2009 年，谷歌无人驾驶汽车项目正式启动，成立无人车队，大范围采集街景数据，构建地图数据库。2010 年，谷歌的自动驾驶汽车测试里程超过了 14 万英里（约 23 万千米），确定具有完备的感知能力和高水平的人工智能，当时谷歌发博文称："自动驾驶技术能使每年因交通事故死亡的人数减少一半。"2012 年 5 月，谷歌自动驾驶汽车获得了美国内华达州车辆管理局（DMV）颁发的执照，这是美国历史上为自动驾驶汽车颁发的第一张执照。2013 年，谷歌正式开始了在复杂情况下的城市道路实测。2015 年，公司重组为Alphabet，开始和车企菲亚特合作，不再亲自造车。2016 年谷歌将旗下的无人驾驶汽车项目正式从 Google X 中独立出来，成为一家新公司 Waymo，专注研究无人驾驶，并和沃尔沃、福特、来福车、优步联合成立安全街道自驾联盟。截至2016 年 10 月，谷歌共有 58 辆自动驾驶汽车，在美国四个城市测试的里程超过了200 万英里。

（2）特斯拉。

特斯拉在自动驾驶领域占有重要的地位。它推出了 Model S 系列汽车，所拥有的"Autopilot"技术，能够使摄像头和传感器在同一时间对道路上的路线、车辆、路灯、行人以及两边道路的环境进行检测，实现自动泊车、自动变道、自动控制车速等一系列的辅助驾驶功能。截至 2016 年 6 月，特斯拉旗下的车通过"Autopilot"技术已经累计行驶 1 亿千米。尽管美国国家公路交通安全管理局（NHTSA）认为"Autopilot"技术处于 Level 2 阶段，但是特斯拉是迄今为止自动驾驶技术应用最成功的企业。

（3）奥迪。

2009 年，一辆名为 Shelly 的测试车奥迪 TTS 在美国犹他州的邦纳维尔沿滩上漂移划下奥迪的 LOGO（"四环"），并以 210km/h 的速度创下了当时自动驾驶汽车的最高速度纪录。2010 年，Shelly 又在美国的派克峰山赛道上运用高精度的特殊 GPS 进行导航，经历了 1439 米的垂直落差和 156 个弯道，将行驶轨迹与设定路线的误差缩小到了几英寸之内。2015 年，一辆名为"JACK"的奥迪 A7 自动驾驶概念车从斯坦福大学行驶至拉斯维加斯的国际消费电子展现场，全程约 900千米，途中的最高速度达到了 140km/h，这也是奥迪的自动驾驶技术首次面向媒体。2017 年，奥迪 AI 已经实现了世界最先进的量产车第三阶段自动驾驶技术。2017 年 11 月上市的全新一代奥迪 A8，在时速小于 60 千米时，可以在不需要任何人干涉的情况下自动行驶。

（4）宝马。

2006年，宝马开始在赛道上对汽车进行自动启动和停车等简单的测试。2011年，宝马第一次对自动驾驶汽车进行公路实测。2014年5月，宝马公开了它的辅助驾驶系统"Urban Roads：BAN research"，该系统有提供路线选择和预警提示的功能，并可以对发动机配置进行调整，以此来辅助完成"自动驾驶"。2014年7月，宝马和百度达成合作，百度承担数据和服务部分，宝马则负责硬件设计和制造，2015年年底，双方共同合作研发的无人驾驶汽车在北京成功地完成了城市路况和高速路况混合测试。2016年7月，宝马、英特尔和Mobileye宣布将联合开发自动驾驶汽车，并在2021年正式推出，2017年1月，三方又在今日CES展会上宣布在2017年下半年计划推出约40辆自动驾驶汽车，以进行路测。

（5）福特。

2015年，福特开始组建无人驾驶团队。2016年5月，为了增强在自动驾驶方面占据重要地位的云计算能力，福特斥资1.83亿美元入股Pivotal Software云计算公司。2016年7月，福特与麻省理工学院合作发起了一项包括机器学习和自动驾驶系统在内的特许研究计划，用于预防碰撞和改善车辆自主路线规划，并计划在2025年全面投入交通系统。

除了上面这些代表企业，国际上研究自动驾驶技术的企业还有：日产、丰田、本田、大众、博世、Uber、Delphi（德尔福）、Drive ai公司、nuTonomy公司等。表7-3是国际上主要企业的代表车型及无人驾驶程度。

表7-3　国际上主要企业的代表车型及无人驾驶程度

厂商	代表车型	无人驾驶程度
谷歌	普锐斯、奥迪TT	★★★★☆
雷克萨斯	LS	★★★★
沃尔沃	V60，S60，XC60	★★★★
宝马	5系、i3	★★★★
奥迪	TTS、A6	★★★★
奔驰	新S系	★★★★
通用	凯迪拉克XTS	★★★☆
福特	—	★★★☆
"—"为未公布，"☆"代表半星		网通社统计

资料来源：https：//wenku.baidu.com/view/68406822998fcc22bdd10d2f.html。

7.4 国内发展情况

7.4.1 自动驾驶技术的研究成果

我国在 20 世纪 80 年代末开始研究自动驾驶，与国外相比，开始得比较晚，而且大多数研究只是针对某个单项技术。虽然我国在自动驾驶技术方面的研究总体落后于发达国家，但我们也取得了一定的成果。

1992 年，国防科技大学研制出了我国第一辆无人车，该车的自动驾驶系统由计算机及配套的检测传感器和液压控制系统组成，行驶速度可以达到 21km/h，该车的诞生标志着中国无人驾驶行业正式进入探索期。

2000 年 6 月，国防科技大学研制出的第四代无人驾驶汽车以时速 76km/h 创下了当时国内的最高纪录。

2003 年，一汽集团和国防科技大学合作研制出一辆无人驾驶汽车，最高时速达 170km/h，最大的功能在于实现了自动超车。

2005 年，首辆城市无人驾驶汽车在上海交通大学研制成功。

2011 年 7 月，国防科技大学和一汽集团共同研发了新一代无人驾驶红旗 HQ3，成功实现了 286 千米的高速全程无人驾驶实验，人工干预的距离仅占全程的 0.78%，创造了中国无人驾驶车辆在复杂交通条件下自主驾驶的新纪录，标志着中国无人驾驶技术达到世界先进水平。

2012 年，由中国军事学院改装的途胜越野"军车交猛Ⅲ号"在京津高速完成了 114 千米测试，最高时速 105km/h。

2015 年 12 月，百度无人驾驶汽车在北京进行测试，实现了多次变道、超车、跟车减速、掉头等复杂的驾驶动作，并完成了不同道路场景的切换，最高时速达 100km/h，可以说是国内无人驾驶领域迄今为止进行的难度最大、最接近真实道路情况的测试。

表 7-4 是我国自动驾驶实验车型及技术特点。

表 7-4 我国自动驾驶实验车型及技术特点

实验车型	设计单位	技术特点
CITAVT 系列自动驾驶汽车	国防科技大学	基于视觉导航，最高时速达 75.6km/h
JUTIV 智能车	吉林大学	智能车辆体系结构，传感器信息的获取与处理，路径识别与规划，智能车辆前方障碍物探测及车距保持

实验车型	设计单位	技术特点
ALVLAB 1 智能车	浙江大学	具有跟踪道路、避障、越野及岔路选择等功能
ALVLAB 2 智能车		支持临场感遥控驾驶及战场侦察等功能
THMR—V 智能车	清华大学	结构化环境下的车道线自动跟踪，准结构化环境下的道路跟踪，复杂环境下的道路避障以及视觉临场感遥控驾驶等
夸父一号智能车	西安交通大学	采用增强 Gabor 检测的方法检测车辆
CyberC3 电动车、CyberTiggo 自动驾驶汽车	上海交通大学	嵌入式视觉感知，面向城市环境的多种智能车定位导航方法，基于环视的自动泊车系统，基于车联网技术的多车协作

资料来源：根据公开资料整理。

7.4.2 代表性企业

（1）百度。

2013 年，由百度研究院主导开发了无人驾驶项目，核心技术为"百度汽车大脑"，包括高精度地图、定位、感知、智能决策和控制。2015 年，百度无人驾驶汽车在北京进行测试，首次实现了城市、环路及高速道路混合路况下的全自动驾驶，并实现了多次跟车减速、变道、超车、上下匝道、调头等复杂驾驶动作，并正式成立了自动驾驶事业部，计划 3 年实现自动驾驶汽车的商业化，5 年实现量产。2016 年 7 月 3 日，百度和乌镇旅游举行战略签约仪式，宣布将在这个 5A 级景区的道路上实现 Level 4 的无人驾驶。同年 9 月，美国加州政府为百度颁发了全球第 15 张无人车上路测试牌照。2017 年 4 月，百度宣布收购一家美国的科技公司 xPerception，这家公司致力于机器视觉软硬件解决方案，面向机器人、AR/VR、智能导盲等行业客户提供以立体惯性相机为核心的机器视觉软硬件产品。该收购可能与百度试图加强视觉感知领域的软硬件能力有关。2017 年 4 月 19 日，百度发布 Apollo 计划，向汽车行业及自动驾驶领域的合作伙伴提供一个开放、完整、安全的软件平台，帮助他们结合车辆和硬件系统，快速搭建一套属于自己的完整的自动驾驶系统。

（2）一汽集团。

一汽集团无人驾驶新技术的研究始于 2001 年，2011 年 7 月，与国防科技大学共同研制的红旗 HQ3 无人驾驶汽车完成了 286 千米的高速全程无人驾驶实验，人工干预的距离仅占总里程的 0.78%。

（3）上汽集团。

2013 年，上汽集团与中航科工签署战略合作协议，双方在无人驾驶等多个领域展开研究。2015 年上汽集团推出了自主研发的智能驾驶汽车——IGS 智能汽车，经过路测，这款汽车在 60 ~ 120 千米的情况下初步实现远程遥控泊车、自动巡航、自动跟车、车道保持、自主超车等功能。2017 年 4 月 6 日，由上汽集团自主研发的无人驾驶智能汽车在上海嘉定区进行测试，汽车在 3 千米的行程中展示了自动转弯、自动掉头行驶、自动导航等 6 项功能。上汽集团计划争取在 2010 年使其汽车高速公路自动驾驶功能可以做到全工况、全环境下的自动驾驶。

（4）长安汽车。

2015 年 10 月 31 日，长安无人驾驶汽车首辆样车于重庆完成了国内的首次亮相。2016 年 4 月 13 日，由长安研发的无人驾驶汽车从重庆出发，途经西安、郑州、石家庄后抵达北京，全程 2000 千米，这是我国首次无人驾驶汽车超长距离行驶测试。目前，长安已完成了 1 级的智能驾驶技术应用，如全速自适应巡航、紧急刹车、车道保持等。未来长安将为汽车智能化配备千人团队，预计两年后，长安汽车将实现有条件干预情况下的全自动驾驶。

（5）北汽集团。

北汽集团在 2013 年就对"智能车"进行了研究，并完成了数万千米的上路测试。2015 年，北汽新能源和北京联合大学共同研发的无人驾驶 E150EV，可结合 GPS、车载摄像和 3D 传感器来准确地完成自身定位。2016 年 7 月 6 日，北汽集团和盘锦市大洼区人民政府举行无人驾驶战略合作签约仪式，双方将在"红海滩国家风景廊道"共同开发建设无人驾驶体验项目，北汽无人驾驶汽车商用化正式进入实施阶段。

可以看出，和国外自主研发的车企不同，我国车企多采用与国内高校、科研院所合作研发自动驾驶技术，其中已经开始研究自动驾驶技术的企业还有：比亚迪、奇瑞、北京现代、宇通汽车、吉利汽车、华为、京东、滴滴等。表 7 - 5 是国内研发自动驾驶的代表车企及研发进展。

表 7 - 5　我国研发自动驾驶的代表车企及研发进展

代表车企及研发进展	
车企	研发进展
长安汽车	2016 年 4 月展示试制车，2020 年产业化应用
北汽集团	2016 年 4 月展示试乘试驾车型
比亚迪汽车	与百度联合研发，暂无商业应用规划
力帆汽车	低速无人驾驶车 2017 年 6 月推出

代表车企及研发进展	
长城汽车	已展示辅助驾驶技术，2020 年推出高速全自动驾驶车辆
东风汽车	联合华为研发，目标实现无人驾驶
吉利汽车	沃尔沃实现自动驾驶车量产，吉利未来 2～3 年推自动驾驶车
广汽集团	与中科院联合研发，已展示无人驾驶概念车
上汽集团	已展示技术进展，未来 10 年实现全路况自动驾驶
一汽集团	已展示自动驾驶技术，2025 年实现 50% 车型高速自动驾驶

资料来源：http：//auto. news18a. com/news/storys_ 88407. html。

7.5 行业展望

7.5.1 未来行业空间结构预测

自动驾驶行业未来的空间结构呈现金字塔形：①传统车企和科技型公司，传统车企仍然掌握着整车控制集成的核心竞争力，科技型公司依靠人工智能、人机交互的优势将抢占一部分市场；②高级辅助驾驶（ADAS）供应商利用其掌握的感知知识和算法为车企和科技型公司提供高级辅助驾驶（ADAS）解决方案；③最底层是零部件供应商，如雷达、摄像头、电子刹车芯片等。从塔顶到塔底，行业技术门槛、资金和行业集中度逐渐降低（见图 7-5）。

7.5.2 未来自动驾驶汽车市场规模预测

全球知名市场调研机构思迈汽车信息咨询公司（IHS）预测，到 2020 年美国或将成为第一个允许无人驾驶汽车上路的国家，该年将有数千辆无人驾驶汽车出现在美国的道路上。到 2025 年，全球无人驾驶汽车销量将达到 60 万辆，在接下来的 10 年中，销量将以每年 43% 的速度持续增长。2035 年将达到 2100 万辆，其中在美国的销量将增长到 450 万辆，欧洲销量将达 420 万辆，而非洲和中东地区的销量也将达到 100 万辆。与此同时，日本和韩国市场将售出 120 万辆无人驾驶汽车。中国将成为最大的无人驾驶汽车市场。报告预测到 2035 年中国将拥有超过 570 万辆无人驾驶汽车。美国电气和电子工程师协会（IEEE）在一份报告中甚至大胆预测，到 2040 年，全球上路的汽车总量中，75% 将会是无人驾驶汽车。未来，人类交通系统或将发生翻天覆地的变化。图7-6是对未来几年全球无人驾驶汽车市场规模预测。

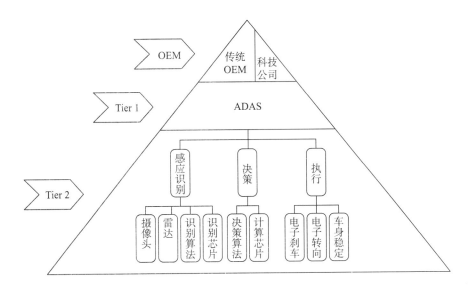

图 7 - 5　未来自动驾驶行业空间结构分布

资料来源：http：//www.chyxx.com/industry/201606/424751.html。

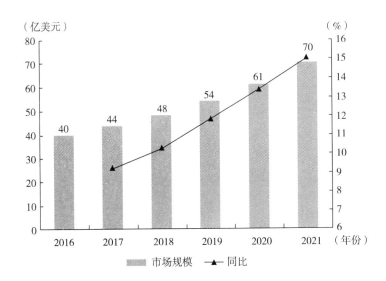

图 7 - 6　全球无人驾驶汽车市场规模预测（左轴）、同比（右轴）

资料来源：http：//www.chyxx.com/industry/201804/634739.html。

相信随着科技的发展和各国对自动驾驶技术的政策支持，未来自动驾驶的发展状况将有质的飞跃，功能也会越来越完善，产业前景必定会更加美好。

参考文献

张茂于：《产业专利分析报告——自动驾驶》，《知识产权出版社》2017 年第 6 期。

潘福全、亓荣杰、张璇、张丽霞：《无人驾驶汽车研究综述与发展展望》，《科技创新与应用》2017 年第 2 期。

刘少山、唐洁、吴双、李力耘：《第一本无人驾驶技术书》，《电子工业出版社》2017 年第 5 期。

章帆、王雪娇：《基于专利的无人驾驶汽车技术景观分析》，《科技管理研究》2017 年第 5 期。

伦一：《自动驾驶产业发展现状及趋势》，《电信网技术》2017 年第 6 期。

殷媛媛：《全球自动驾驶汽车领域专利分析进展（下）》，《第一情报—信息产业》2017 年第 12 期。

陈大明、孟海华、汤天波：《全球自动驾驶发展现状与趋势（下）》，《华东科技》2014 年第 10 期。

乔维高、徐学进：《无人驾驶汽车的发展现状及方向》，《上海汽车》2007 年第 7 期。

廖燕、余业干：《百度与谷歌无人驾驶汽车技术专利对比分析》，《北京汽车》2017 年第 6 期。

贾祝广、孙效玉、王斌、张维国：《无人驾驶技术研究及展望》，《矿业装备》2014 年第 5 期。

赵阳：《无人驾驶汽车关键技术》，《中国科技博览》2011 年第 26 期。

陈晓博：《发展自动驾驶汽车的挑战和前景展望》，《综合运输》2016 年第 11 期。

冯学强、张良旭、刘志宗：《无人驾驶汽车的发展综述》，《山东工业技术》2015 年第 5 期。

Clifford Winston & Fred Mannering, "Implementing Technology to Improve Public Highway Performance：A Leapfrog Technology from the Private Sector is Going to Be Necessary", Economics of Transportation, 2014, 3（2）：158 – 165.

8 物联网

李凯丰

8.1 行业重要性

我国物联网处于初级发展阶段，各个领域的学者对物联网的定义也有各自的角度，所以目前对物联网的概念并没有达成一个统一意见。但物联网概念的正式确定是在 2005 年的信息社会世界峰会（WSIS）上，并且是由国际电信联盟（ITU）所主持和提供。ITU 于 2005 年发布 *ITU internet reports 2005—the internet of things*，指出了物联网的关键技术及预测了一个无所不在的物联网通信时代即将到来。所以基于此报告，物联网可以被定义为将各种信息传感设备，如射频识别（RFID）装置、红外感应器、全球定位系统、激光扫描器等种种装置与互联网结合起来而形成的一个巨大网络。从中可以看出，物联网不是一个具有实际体态的网，而是由互联网下物体和互联网以信息为媒介结合的信息网。这个网络包括不可缺少的信息传感设备、信息和相关互联网技术。

我国在"十二五"规划中就提出要把物联网产业作为国家的战略来发展。而在"十二五发展物联网规划"中不仅提出我们要自主发展物联网核心技术，且提出了物联网的发展格局。习近平总书记提出"一带一路"倡议，加强沿线国家的沟通和联系，这对信息技术的发展提出了高要求。物联网引发了新一轮的信息技术发展，而只有抓住技术发展的机会，国家才能更好地落实"一带一路"倡议，才能在国际博弈中取得优势地位。而物联网能够在海陆空三地实现物与物、人与物、人与人更好的交流和沟通，这对增强我国军事实力提供了很大的帮助。所以物联网技术的发展不仅重要，而且对于国家战略的实施具有必要性。从长期来看，据估计，到 2018 年，我国物联网产业将产生 2 万亿以上的产能，物联网的发展将带动我国产业结构的升级，加快我国经济发展方式转变。而对于个体来说，物联网技术为人们的生活、工作等方面都带来极大的方便和安全。物联网技术应用在多个产业中，为各个产业的发展注入活力，这些行业包括智能安防、智能支付、智能交通、智能家居、移动物流、环境监测，这些行业都与人们的生活息息相关，让人们生活朝着智能化、自动化方向发展。

（1）传感器产业。

从全球范围来说，根据中国信通院最新的数据统计，2015 年智能传感器就已取代传统传感器成为市场主流（占 70%），2016 年全球智能传感器市场规模达258 亿美元（1710 亿元人民币），预计 2019 年将达到 378.5 亿美元，年均复合增长率 13.6%。国内传感器市场持续快速增长，年均增长速度超过 20%，2011 年传感器市场规模为 480 亿元，2012 年达到 513 亿元，2013 年达到 640 亿元，2014年则超过 800 亿元（见图 8 - 1）。

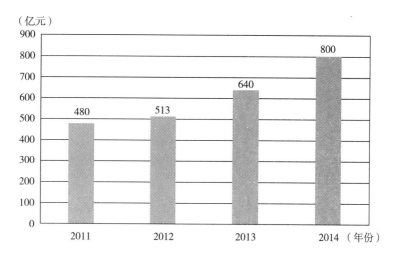

图 8 - 1 2011 ~ 2014 年传感器市场规模

资料来源：OFweek 工控网，http：//gongkong. ofweek. com/2016 - 10/ART - 310018 - 8420 - 30057744. html。

（2）安防产业。

物联网的出现为智能安防行业注入了新的动力，许多智能安防的设计与应用都离不开物联网。相关数据显示（见图 8 - 2），2011 ~ 2015 年，我国安防行业总产值每年都在增长，并于 2015 年达到 4900 亿元，并且根据《中国智能安防行业投资规划分析报告》预计，以 2 亿户城镇家庭来计算，未来 5 年智能安防民用市场规模可达上千亿元。

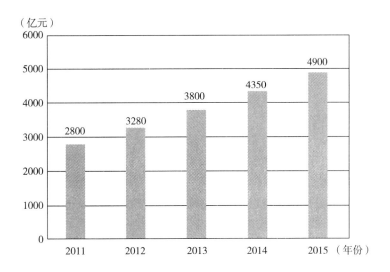

图 8-2 2011~2015 年我国安防行业总产值情况

资料来源：《2017~2022 年中国智能安防市场运行态势及投资战略研究报告》。

（3）移动支付。

移动支付是物联网应用的经典行业，移动支付是现在支付方式的一个趋势，消费者不满足于传统的现金支付手段，希望一部手机能够有支付、转账、票证等多个功能。而物联网技术正是支撑移动支付发展背后的功臣。移动支付涉及的物联网技术包括 NFC 技术、二维码扫描、安全支付系统等。相关数据显示，移动支付行业 2014 年交易规模急剧增长至 77660 万亿元，比 2013 年增长 497%。移动支付行业以其惊人的增长速度迅速扩张。而 2016 年第三季度，我国移动支付业市场规模已经高达 90419.5 亿元，而 2017 年第三季度更是达到 294959.2 亿元，一年内增长了 226%。这说明我国支付行业有着巨大的发展潜力，且每年都在高速增长（见图 8-3）。

（4）智能交通。

智能交通系统（即 ITS—Intelligent Transportation System）是将电子传感技术、信息技术、数据通信传输技术、网络技术、控制技术及计算技术等有效地集成运用于整个交通管理体系，而建立起的一种在大范围、全方位发挥作用的，实时、准确、高效的综合交通管理系统。由新思界产业研究中心发布的《2017 年城市智能交通行业深度市场调研及投资分析报告》可知，在中国，2016 年的智能交通的市场规模达到 414 亿元，而且保持着高速的增长态势。而根据专家预测，在未来几年，市场规模还会按照每年 20% 的速度增长，到 2021 年，市场规模将是 2016 年市场规模的两倍。

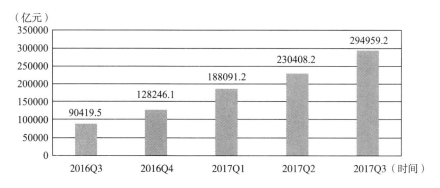

图 8 - 3　2016～2017 年我国移动支付行业市场规模

资料来源：中国物联网行业在移动支付领域应用，中国产业信息网。

（5）智能家居。

智能家居是以住宅为平台，利用综合布线技术、网络通信技术、安全防范技术、自动控制技术、音视频技术将家居生活有关的设施集成，构建高效的住宅设施与家庭日程事务的管理系统。它能提升家居安全性、便利性、舒适性、艺术性，并提供环保节能的居住环境。据研究机构统计数据可知，我国智能家居产业市场规模在四年间由 150 亿元增长为 605.7 亿元，其中 2016 年的市场规模比 2015 年增长 50%（见图 8 - 4）。

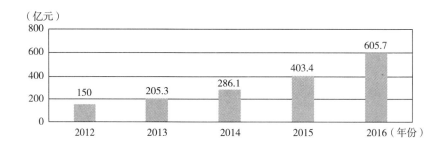

图 8 - 4　2012～2016 年我国智能家居产业市场规模

资料来源：前瞻产业研究院整理。

（6）智能物流。

智能物流是利用集成智能化技术，使物流系统能模仿人的智能，具有思维、感知、学习、推理判断和自行解决物流中某些问题的能力。2012～2016 年智能物流市场规模都在 1000 亿元以上，而 2016 年达到 2669 亿元，比 2015 年增长 21%（见图 8 - 5）。如果我国物流管理水平上升，就能实现成本下降，利润增加，而这都依赖于物联网技术的发展。

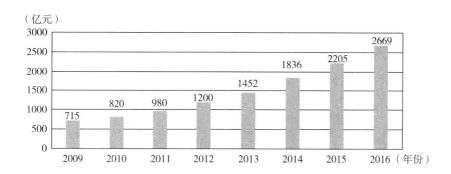

图8-5 2009~2016年我国智能物流市场规模

资料来源：前瞻产业研究院整理。

（7）环境监测。

环境监测是指环境监测机构对环境质量状况进行监视和测定的活动。环境监测是通过对反映环境质量的指标进行监视和测定，以确定环境污染状况和环境质量的高低。环境监测的内容主要包括物理指标的监测、化学指标的监测和生态系统的监测。在"十二五"期间，国家出台了一系列政策如《国家环境监测"十二五"规划》《生态环境监测网络建设方案》《国家环境质量监测事权上收方案》，这是为了从政策上支持环境监测产业的发展。2015年我国环境监测行业规模超过367亿元，同比增长18%（见图8-6）。在国家的支持下环境监测市场具有巨大的增长潜力。

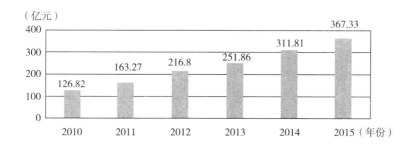

图8-6 2010~2015年我国环境监测市场规模

资料来源：前瞻产业研究院整理。

8.2 行业关键技术

ITU 于 2005 年发布的"ITU internet reports 2005—the internet of things"中明确提出了物联网的四个关键性应用技术：标签事物的 RFID、感知事物的传感网络技术、思考事物的智能技术、微缩事物的纳米技术。本章将逐一对这四项物联网关键技术进行介绍。

8.2.1 RFID 技术

射频识别（Radio Frequency Identification）技术属于通信技术，其通过无线电信号自动识别物体并获取相关数据，识别系统不必直接与物体进行物理接触。传统的识别系统如 IC 卡、条码则需要与物体进行物理接触。

典型的 RFID 系统由电子标签、读写器、数据交换及管理系统等组成。电子标签又称射频标签，它具有数据储存和数据读写的功能。读写器即射频标签读写设备，其应用非常广泛，主要应用于身份识别、货物识别、安全认证和数据收录等方面。数据交换是指在多个数据终端设备之间，为任意两个终端设备建立数据通信临时互连通路的过程。管理系统是对数据的采集及分析过程的管理。

RFID 频率在不同的工作中是不同的，并且可以分为三类：低频系统、中频系统、高频系统。具体可见表 8-1。

表 8-1　RFID 频段分类

频段	类型	距离
125kHz ~ 134kHz	低频	短距
13.553MHz ~ 13.567MHz	高频	短距
400MHz ~ 1000MHz	超高频	长距
2.45GHz	微波	超长距

资料来源：根据公开资料整理。

传统的常见的识别体系包括条码、磁卡、IC 卡，而 RFID 技术与它们不同的地方见表 8-2。

表 8 - 2　RFID 技术与其他技术的对比

	信息载体	信息量	读\写性	读取方式	保密性	智能化	环境适应能力	寿命	ISO 标准	成本
条码	纸	小	只读	光电转换	差	无	差	较短	有	较低
磁卡	磁性物质	较小	读\写性	电磁转换	一般	无	较差	短	有	低
IC 卡	EEPROM	大	读\写性	电擦写	最好	有	好	长	有	较高
RFID	EEPROM	大	读\写性	无线通信	最好	有	最好	最长	不全	较高

资料来源：沈宇超、沈树群：《射频识别技术及其发展现状》，《电子技术应用》1997 年第 1 期。

我们可以看出，相较于其他识别系统，RFID 具有的优点是：读取信息量大、保密性强、智能化、环境适应能力强、寿命长、成本低。

8.2.2　传感网络技术

传感器是机器感知物质世界的"感觉器官"，可以以感知热、力、光、电、声、位移等信号，为网络系统的处理、传输、分析和反馈提供最原始的信息。传统的传感器正经历着一个从传统传感器（Dumb Sensor）到智能传感器（Smart Sensor）到嵌入式 Web 传感器（Embedded Web Sensor）的内涵不断丰富的发展过程。

无线传感器网络是在以下技术的发展基础上发展起来的：微机电系统、片上系统、无线通信技术、低功耗嵌入式技术。一定数量的微型传感器节点不按规则随机置于相对区域，这种传感器节点具有强大的感知能力、数据处理能力和通信能力。传感器网络节点是传感器网络组成的基本部分。典型的传感器网络节点结构如图 8 -7 所示。

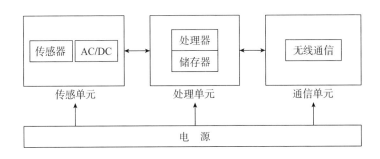

图 8 -7　传感器网络节点

资料来源：根据公开资料整理。

为了了解无线传感器网络，除了分析传感器网络节点外，还应该对无线传感器网络体系结构进行分析。无线传感器网络体系如图 8 -8 所示。

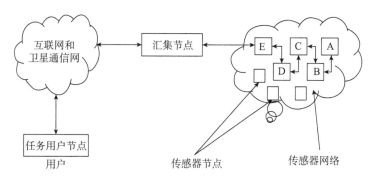

图8-8 无线传感器网络体系结构

资料来源：司海飞、杨忠、王珺：《无线传感器网络研究现状与应用》，《机电工程》2011年第1期。

8.2.3 智能技术

智能技术是为了有效地达到某种预期的目的，利用知识所采用的各种方法和手段。根据赛迪智库信息化研究中心2016年发布的"Forecast 2017"系列报告，其中关于预测2017年智能技术发展趋势中提出了智能技术在生活中的部分发展趋势：①人类仿生取得重大突破；②机器学习将在数据量大、需求迫切的领域深入应用；③智能语音助手将成为自然语言理解发展的突破口。

8.2.4 纳米技术

纳米技术（Nanotechnology）出现在20世纪90年代，并且属于新技术。它是在0.10~100nm尺度的空间内，研究电子、原子和分子运动过程及其特点的新技术。在纳米技术和现代科学的结合下，产生了新兴的科学技术，如纳米物理学、纳米生物学、纳米化学、纳米电子学、纳米加工技术等。纳米技术的应用领域非常广泛，包括计算机、航空航天、生物、材料、新能源、汽车等。

8.3 国际发展情况

根据图表数据我们知道，全球物联网专利申请时间大概可以分为四个时期：1976~1988年，这个阶段物联网专利申请数量少，增长速度缓慢，属于物联网技术初步发展阶段。在这个阶段中，申请的国家主要是英美等主要的工业发展较早的资本主义国家。

1989~2000年，这个阶段物联网专利申请数量有了提升，增长速度依然不快，许多国家已经开始认识到物联网技术的重要性，增加了对物联网的研究。

2001～2008 年，这个阶段物联网专利申请数量快速增多，从 3800 件左右到 6000 件左右。可以看出，各个国家已经开始把发展物联网技术当作一个重要战略布局。这个时候物联网技术涉及的领域也比较广泛，比如应用到航空、物流、安防等行业。

自 2009 年至今，这个阶段物联网专利申请数量是历年之最，达到 6000 件以上（见图 8-9）。可以看出，各国投入大量资源进行物联网技术的深入发展，其应用领域更加广泛，物联网技术放在示范性发展平台，这都使其专利申请量飞速增长。

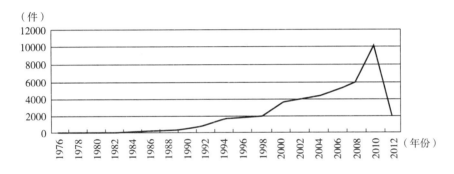

图 8-9　全球物联网专利历年申请量趋势

资料来源：杨铁军：《产业专利分析报告—物联网》，2014。

一个国家的专利申请数量能够很大程度上代表这个国家对这种技术的重视程度和实力。全球范围内，物联网专利申请数量排名前五的国家分别是美国、日本、中国、韩国、德国，申请占比分别为 35%、22%、13%、12% 和 6%（见图 8-10）。美国申请量是最多的，一个国家就占了大约 1/3，这与美国强大的经济实力和研发能力是分不开的。而日本排名第二，是亚洲国家中申请量最多的。随后是中国，国家越来越意识到物联网技术的重要性，从政府出台的各种关于物联网布局的政策文件就可以看出。除了国家的扶持，中国企业也遇到信息技术改革的好时期，大力推进物联网技术的研究发展，可以为中国人民带来实用而又具有科技含量的产品。此外，韩国和德国都有一定的申请量。

专利申请目标国家的意思就是目标最后所在的国家。比如说专利申请量的 25% 进入中国，中国需要从外国引进新的物联网技术，这说明中国是物联网技术的主要需求市场。也说明中国自主创新技术的发展与自身对其的需求并不匹配。针对这一问题，国家已经正视到自身的技术优势和劣势，提出要建设示范性平台和发展自主创新能力，研发核心关键技术。之前分析得出美国的物联网技术申请量占全球申请量的35%，从图 8－11 可知专利申请量的21%进入美国，说明美国的专利更多的是出售给别的需求市场，而各个市场对美国专利具有一定的依赖性，这与美国物联网技术的高质量有关。

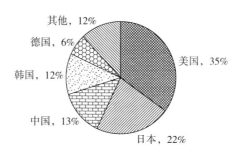

图 8－10　全球物联网专利申请原创国家/地区分布

资料来源：杨铁军：《产业专利分析报告—物联网》，2014。

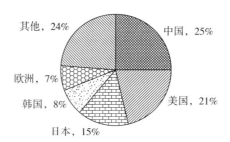

图 8－11　物联网全球专利申请目标国家/地区分布

资料来源：杨铁军：《产业专利分析报告——物联网》，2014 年。

8.4　国内发展情况

8.4.1　政策发展情况分析

游大磊、王倩（2017）提出，我国有完善的关于物联网产业发展的相关政策法规，国内 M2M 用户增长较快，产业标准化程度比较高，并在多个地区都已形成规模化发展。我们能够发现，国家对于物联网越来越重视，近年来每年都有关于物联网的相关政策出台。可以看出，政策提出未来物联网发展要自主创新，掌据核心的关键技术，要把技术应用在相关产业上（见表 8 - 3）。这在规范物联网产业发展行为、制定整个行业发展报告的同时，也寄予其在经济推动方面的作用。

表 8 - 3 2013 ~ 2016 年关于物联网的相关政策及主要内容

2013 年《国务院关于推进物联网有序健康发展的指导意见》	突破核心技术，完善产业链发展
2014 年 6 月《工业和信息化部 2014 年物联网工作要点》	突破核心技术、顶层设计等六项内容
2015 年《关于开展 2015 年智能制造试点示范专项行动的通知》	智能制造的作用及发展重点
2016 年 7 月《中共中央关于制定国民经济和社会发展第十三个五年规划的建议》	物联网智能化发展

资料来源：根据公开资料整理。

工信部原副部长奚国华此前透露，全国有逾 90% 的省份已将物联网作为支柱产业，且近乎所有一、二线城市都涉足物联网产业园的发展（见表 8 - 4）。

表 8 - 4 各省份物联网发展状况

地区	具体规划
浙江省	到 2020 年，具有国际竞争力的物联网产业体系基本形成，包含感知制造、网络传输、智能信息服务在内的总体产业规模突破 1.5 万亿元，智能信心服务的比重大幅提升。公众网络 M2M 连接数突破 17 亿
广东省	到 2020 年，全省物联网发展水平迈入世界先列，自主创新能力和产业核心竞争力明显增强。物联网在国民经济各领域广泛应用。建成具有国际先进水平的珠三角智慧群
福建省	着力建设一批技术创新平台，打造特色应用平台，引进高端人才，全省物联网产业产值达到 1000 亿元
新疆	到 2020 年，新疆将在工业、农牧、旅游、物流等传统产业以及教育、医疗、交通等公共服务领域，实施 30 项以上物联网应用示范工程

资料来源：前瞻产业研究院 https：//www. qianzhan. com/analyst/detail/220/171229 - 0b94cd33. html。

信息技术的发展会带动一个地区甚至一个国家的科技水平和管理水平，中国许多地区都把互联网作为重点发展对象，并相继推出了各大重点项目。浙江省物联网的发展不仅在国内具有竞争力，在国际上也有一定的影响力。而广东省更是要打造"智慧广东"，实现无线网络的大多数地区覆盖。福建省则是建造物联网平台，提出政策吸引人才，重视技术人才的培养。而北京市推出"感知北京"

重点项目。2017年9月，江西省发布了"江西省移动物联网发展战略"，争取在全国范围内达到"四个领先"，并建设江西智慧新城，这涉及工业、农业、物流等多个领域。无论是发展得比较快的城市还是新兴的城市，都在大力引进物联网技术，打造"智慧城市"，可以预测，在未来的时间里，中国的各大城市都会在公共交通、智能网络、物流系统等方面有大的进步，人们也可以享受现代化带来的方便和舒适。

8.4.2　专利发展情况

我们可以看出，广东省、北京市、江苏省的专利申请及授权量是全国排名前三的省份，有四个省份的专利授权量超过千位数，并且，广东省和天津市的专利申请量和授权量相差较大（见图8－12）。申请量和授权量位于第一梯队和最后梯队的省份呈现明显的差别。专利数量位于前十的省份中有两个属于华东地区，且这两个省份的专利总量相加较高。可以看出，物联网技术实力较为强大的省份多位于东部和南部的沿海地区。这与各个地区的经济实力和政府重视程度有一定的关系。而四川、山西、辽宁、天津的总专利授权量均在60%以上，而山东和浙江更是达到了68%，这说明这些省份在物联网方面存在很大的潜力。

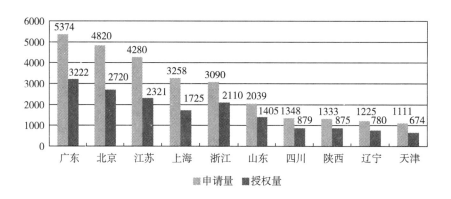

图8－12　中国物联网专利申请区域分布

资料来源：杨铁军：《产业专利分析报告——物联网》，2014年。

通过多个省的发展目标和发展计划和相关专利信息，我们知道全国范围内物联网技术的发展呈现以下几个特点：①核心技术是关键。只有掌握了物联网的核心技术，才能在激烈的竞争中拥有竞争力。所以无论是广东省自主创新的要求，还是江西省引进高端技术人才，都是为了掌握核心技术。所以各个省份物联网的竞争和发展就是创新技术的竞争和发展。②打造"智慧城市"是目标。广东省、江西省都相继提出争取打造"智慧城市"，朝着智能化、自动化方向发展。③物联网产值在各个省份中的比重都在增加，且基数具有一定的规模，其中浙江省更是突破了 1 万亿元。

物联网建设在我国处于初级阶段，没有形成深厚的技术性的历史沉淀，所以在发展中没有疑问地会遇到一些问题。单娟（2016）认为，我国物联网建设中存在缺乏整体规划、缺乏高端技术、缺少大规模应用的问题。

8.4.3 中国物联网企业发展情况

中国知名的物联网企业包括北京天一众合科技股份有限公司、深圳市远望谷信息技术股份有限公司、深圳市科陆电子科技股份有限公司、武汉昊诚能源科技有限公司、中山达华智能科技有限公司、上海秀派电子科技有限公司、深圳市模块科技有限公司、上海英内物联网科技股份有限公司、利尔达科技有限公司、厦门英诺尔电子科技股份有限公司等。本章将对深圳市远望谷信息技术股份有限公司、大唐电信科技股份有限公司、北京天一合众股份有限公司、深圳市科陆电子科技股份有限公司四家公司的发展进行分析。

（1）深圳市远望谷信息技术股份有限公司。

深圳市远望谷信息技术股份有限公司成立于 1999 年，2007 年于深交所上市（代码：002161），是我国物联网产业的代表企业，是全球领先的 RFID 技术、产品和系统解决方案供应商。远望谷聚集了一大批优秀的技术人才，设有多个研究站和研究开发中心，如深圳市射频识别工程技术研究开发中心、基于 RFID 技术的物联网应用工程实验室、企业博士后科研工作站、射频设备检测实验室。远望谷的发展目标就是成为全球物联网和 RFID 行业的领军企业。

自 1999 年成立以来，经过几十年的发展，公司拥有 400 多项专利和技术，开发过的产品包括芯片、标签、天线、读写器、手持设备、系统集成软件等全系列 RFID 核心产品，在国内物联网企业中实力不凡，在国际上也享有一定的声誉[①]。

截至 2017 年 11 月 14 日，深圳市远望谷信息技术股份有限公司的专利申请数量如图 8 - 13 所示。可以看出，2008 ~ 2017 年，其共申请专利数量为 333 件。2010 ~ 2012 年是 10 年来专利申请最多的年份，占比为 43.8%，2012 年专利申请量更是达到 10 年来的顶峰。但是自 2014 年来，专利申请数量呈现下降趋势。

由国际专利分类表（2016 版），我们可以查出深圳市远望谷信息技术股份有限公司专利申请量排名前十的专利的类别（见图 8 - 14）：①G06K 7/10：采用电磁辐射的专利。②G06K 19/077：结构的细节。③G06K 7/00 读出记录载体的方

法或装置。④G06K 19/07：带有集成电路芯片。⑤G06K 7/10：采用电磁辐射的。⑥和⑧H01Q：天线。⑦B61L 25/04：指示或记录列车的车别。⑨B61L 25/02：指示或记录车辆或列车的位置或车别。⑩G09F 3/02：形式或结构。

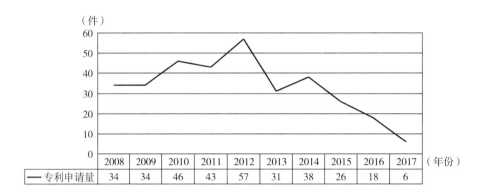

图 8 – 13　专利申请量

资料来源：国家知识产权局主办的专利检索及分析系统。

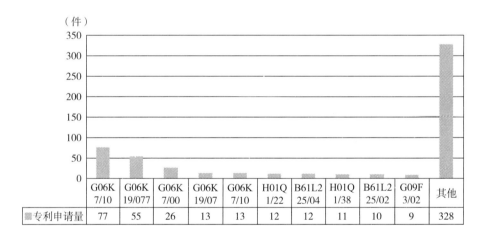

图 8 – 14　专利技术领域及申请量

资料来源：由国家知识产权局主办的专利检索及分析系统。

（2）大唐电信科技股份有限公司。

大唐电信科技股份有限公司于 1998 年在北京注册成立。公司控股股东电信科学技术研究院（大唐电信科技产业集团）是国务院国资委管理的一家专门从事电子信息系统装备开发、生产和销售的大型高科技中央企业，是我国拥有自主知识产权的第三代移动通信国际标准 TD – SCDMA 的提出者、核心技术的开发者以及产业化的推动者，是第四代移动通信 TD – LTE 国际标准的核心基础专利拥有者，并依托在 3G、4G 领域技术与产业的积累，在 5G 领域取得丰硕成果①。

截至 2017 年 11 月 24 日，大唐电信科技股份有限公司的专利申请数量如图 8 – 15 所示。根据数据可知，大唐电信科技股份有限公司专利申请量最多的年份是 2004 年，近年来的专利申请量数量上虽然无法与 2003～2005 年的申请量数量相比，但是都是呈上升趋势，并在 2015 年达到专利申请数量的小高峰。公司不同时间段申请量有较大不同，这可能与当时的市场、政策和公司内部因素有关。

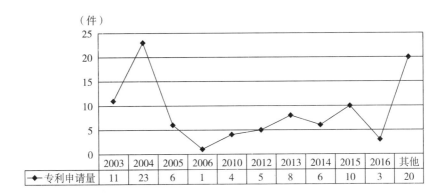

（件）	2003	2004	2005	2006	2010	2012	2013	2014	2015	2016	其他
◆ 专利申请量	11	23	6	1	4	5	8	6	10	3	20

图 8 – 15 专利申请量

资料来源：由国家知识产权局主办的专利检索及分析系统。

由国际专利分类表（2016 版），我们可以查出大唐电信科技股份有限公司专利申请量排名靠前的专利的类别（见图 8 – 16）：①H04L29/06：以协议为特征的。②H04N7/173：有双向工作的，例如用户发一节目选择信号。③G06K9/00：连同机器一起使用的记录载体，并且至少其中一部分设计带有数字标记。④G06K19/07：带有集成电路芯片。⑤H04L12/28：以通路配置为特征的，例如LAN［局域网］或 WAN［广域网］（无线通信网络入 H04W）。

（3）北京天一众合科技股份有限公司。

北京天一众合科技股份有限公司于 2003 年 7 月成立，位于北京中关村高科技园区。公司是以有源射频识别技术（RFID）、无线传感技术、无线传输技术等为主要研发、生产和应用方向的高科技股份制企业。成立十多年来，目前已获得 48 项专利，其中 12 项是发明专利；另获得 41 项软件著作权。公司基于自主开发

---

① 资料来源：大唐电信科技股份有限公司官网。

的智能型有源 RFID 产品，针对行业应用需求，为用户提供一系列的软、硬件综合解决方案。①

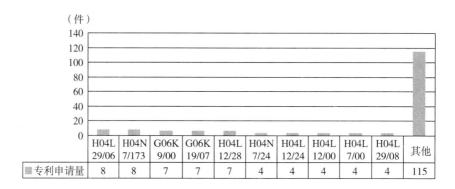

	H04L 29/06	H04N 7/173	G06K 9/00	G06K 19/07	H04L 12/28	H04N 7/24	H04L 12/24	H04L 12/00	H04L 7/00	H04L 29/08	其他
专利申请量	8	8	7	7	7	4	4	4	4	4	115

图 8－16　专利技术领域及其申请量

资料来源：由国家知识产权局主办的专利检索及分析系统 http：//www. pss－system. gov. cn/sipopublic-search/portal/uiIndex. shtml。

截至 2017 年 11 月 24 日，北京天一众合科技股份有限公司的专利申请数量如图 8－17 所示。根据数据可知，北京天一众合科技股份有限公司专利申请量最多的年份是 2013 年。近 6 年来，专利申请主要集中在 2011～2014 年。

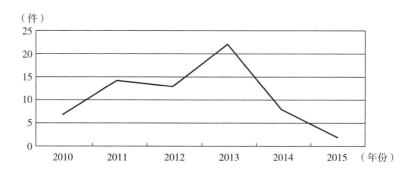

图 8－17　专利申请量

资料来源：由国家知识产权局主办的专利检索及分析系统 http：//www. pss－system. gov. cn/sipopublic-search/portal/uiIndex. shtml。

由国际专利分类表（2016 版），我们可以查出北京天一众合科技股份有限公

---

① 资料来源：北京天一众合科技股份有限公司官网。

司专利申请量排名靠前的专利的类别（见图 8 – 18）：①G08B21/00：未列入其他类目的响应一种指定的意外或异常情况的报警器。②G06K7/00：读出记录载体的方法或装置。③G06K17/00：在包括 G06K 1/00 至 G06K 15/00 两个或多个大组中的设备之间实现协同作业的方法或装置。④G06Q10/06：资源、工作流、人员或项目管理。⑤G08B13/24：靠干扰电磁场分布的。

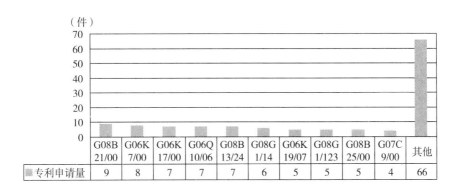

图 8 – 18　专利技术领域及其申请量

资料来源：由国家知识产权局主办的专利检索及分析系统 http：//www. pss – system. gov. cn/sipopublic-search/portal/uiIndex. shtml。

（4）深圳市科陆电子科技股份有限公司。

深圳市科陆电子科技股份有限公司（股票代码：002121）是国家级高新技术企业，致力于为智能电网、新能源应用、自动化物流技术提供整体解决方案。科陆电子先后独立承担了 3 项国家"863"计划专项科研项目和多项广东省、深圳市科技计划项目；申请国家专利 457 项（其中发明专利 224 项）、国际专利 1 项，参编标准 65 项。截至目前，科陆电子的分支机构和营销网络遍布国内 30 多个主要城市，同时成功进入印度、巴基斯坦、丹麦、中国台湾等全球 60 多个国家和地区市场。①

截至 2017 年 11 月 24 日，深圳市科陆电子科技股份有限公司的专利申请数量如图 8 – 19 所示。根据数据可知，深圳市科陆电子科技股份有限公司专利申请量最多的年份是 2009 年，达到 164 件。2008 ~ 2016 年申请量一共是 927 件，在 2009 ~ 2010 年达到申请的高峰。而近年来该公司的专利申请量都保持在 100 件以上，说明该公司有一定的研发能力。

由国际专利分类表（2016 版），我们可以查出深圳市科陆电子科技股份有限

---

①　资料来源：科陆电子官网。

公司专利申请量排名靠前的专利的类别（见图8-20）：①G01R35/04：测量功率或电流的时间积分的仪表的测试或校准。②H02J13/00：对网络情况提供远距离指示的电路装置。③H02J7/00：用于电池组的充电或去极化或用于由电池组向负载供电的装置。④H04L29/06：以协议为特征的设备、电路、系统。⑤G01R11/24：用于避免或指示欺骗性使用的装置。⑥G01R31/00：电性能的测试装置；电故障的探测装置。⑦G08C17/02：用无线电线路。⑧G08C19/00：电信号传输系统。⑨G01R35/00：包含在本小类其他组中的仪器的测试或校准。⑩G09F3/03：保险印鉴。

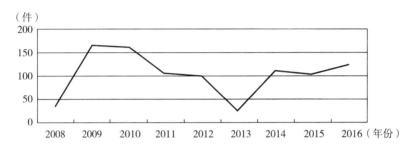

图8-19 专利申请量

资料来源：由国家知识产权局主办的专利检索及分析系统 http：//www. pss - system. gov. cn/sipopublic-search/portal/uiIndex. shtml。

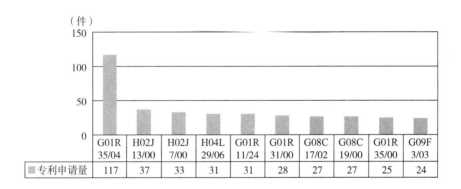

	G01R 35/04	H02J 13/00	H02J 7/00	H04L 29/06	G01R 11/24	G01R 31/00	G08C 17/02	G08C 19/00	G01R 35/00	G09F 3/03
▓ 专利申请量	117	37	33	31	31	28	27	27	25	24

图8-20 专利技术领域及其申请量

资料来源：由国家知识产权局主办的专利检索及分析系统 http：//www. pss - system. gov. cn/sipopublic-search/portal/uiIndex. shtml。

8.5 行业展望

8.5.1 技术展望

卢斌（2017）通过对物联网业务需求、技术发展等的分析，提出局域短距、蜂窝型、广域固定三种物联技术分类和场景，对物联网商业模式进行初步的思考分析。陈耀华（2011）认为，物联网由许多技术所支持，其中包括 RFID。该技术在未来可以对我们所使用的材料进行改进，通过使用价格更低廉和性能更好的材料，使其成本下降。当成本下降时，该技术就可以使用在一些现在因成本过高困扰的领域中了。我们还可以将物联网的技术与嵌入式等技术相结合。

8.5.2 应用展望

从应用领域来说，赵艳艳（2016）认为，物联网技术应用将朝着通信行业、智慧城市建设、智能工业制造这几个领域发展。物联网技术未来主要是应用在传感器产业、智能安防、智能支付、智能交通、智能家居、移动物流、环境监测这七大领域。随着物联网技术的应用，人们的生活必将发生巨大的变化。可能在未来，物流公司分拣系统能够更加完善，人们能够快速拿到自己的网购产品而且价格比现在更低。在供应链的各个环节，商家都能更好地掌握产品的信息，并根据实时的信息反馈对各个环节的行动进行调整。而在智能安居方面，人们需要相关传感装备才能够进入自己小区或者家门，当信息系统没有接收到主体发射的接触防护信息，就会自动进行防护措施。

关于应用带来的问题，刘爱军（2012）认为，物联网未来面临核心技术有待突破、标准规范有待统一、信息安全和隐私保护有待解决的问题。根据之前的分析，我国当前对物联网技术需求大，但是自主创新能力不强，所以在未来的发展中要以掌握核心关键技术为主要发展目标，增强自身的研究开发能力。物联网技术应用在人们生活的各个领域，在带来方便的同时，它也会产生网络安全问题和个人隐私泄露问题。以无线射频识别技术来说，信息能够很方便地通过节点传送给无线传输网络，另外，可能一些个体不希望被收集到的信息也会一并被收集。并且在对数据进行分析的时候，由于各种各样的原因用户的个人信息可能会被泄露。所以物联网技术在未来发展时，要在各个阶段都增加保密措施，增加准入环节加密方式。我国物联网的标准还没统一，这会影响物联网应用的推广。而张伟

（2016）提出物联网未来的应用前景是有效的资源控制，实现节能环保、推动开放和合作、加快应用开发。这预测了未来物联网发展的方向。

8.5.3 规模展望

预计到 2018 年，我国物联网总产值会超过 2 万亿元。到 2021 年，我国物联网市场规模会快速增长，总产值超过 5 万亿元，并且每年都以一定的速度增长。这与我国重点发展物联网技术和巨大的市场需求有密切关系。但是当前我国物联网技术开发能力还没有达到世界顶级水平，缺乏具有国际影响力的大企业，所以各企业应该重点突破技术难关，加大科研投入，提高自主创新能力。

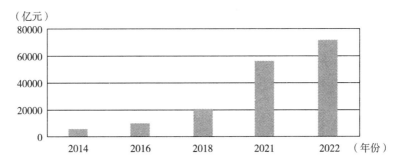

图 8 - 21　2014～2022 年中国物联网行业发展规模变化情况

资料来源：《前瞻产业研究院物联网行业分析报告》。

参考文献

沈宇超、沈树群：《射频识别技术及其发展现状》，《电子技术应用》1997 年第 1 期。

王保云：《物联网技术研究综述》，《电子测量与仪器学报》2009 年第 12 期。

司海飞、杨忠、王珺：《无线传感器网络研究现状与应用》，《机电工程》2011 年第 1 期。

杨铁军：《产业专利分析报告——物联网》，知识产权出版社 2014 年版。

游大磊、王倩：《我国物联网发展现状及趋势分析》，《无线互联科技》2017 年第 8 期。

物联网在线，http：//www.iot － online.com/chanyeyanjiu/2011/0826/

11007. html.

单娟：《全球物联网发展及中国物联网建设若干思考》，《信息与电脑》2016年第 11 期。

卢斌：《物联网技术业务思考和展望》，《移动通信》2017 年第 1 期。

陈耀华、余明杰、古鹏：《物联网技术应用及展望研究》，《现代计算机（专业版）》2011 年第 25 期。

赵艳艳：《物联网技术现状及应用前景展望》，《河北农机》2016 年第 11 期。

刘爱军：《物联网技术现状及应用前景展望》，《物联网技术》2012 年第 1 期。

张伟：《物联网技术现状及应用前景展望》，《电脑知识与技术》2016 年第 27 期。

ITU. ITU Internet Report 2005：The internet of Things［R］. 2005.

http：//www. sohu. com/a/195173858_ 655347

http：//gongkong. ofweek. com/2016 – 10/ART – 310018 – 8420 – 30057744. html

http：//www. chyxx. com/industry/201706/536411. html

9 虚拟现实、增强现实与智能可穿戴设备

刘寒秋

9.1 行业重要性

"互联网+"已成为我国产业融合发展的新生态,智能手机的出现让人们的生活更加丰富。随着数字化时代的到来,虚拟现实和增强现实技术也将成为人类生活中的下一个科技革命,而由其所衍生出来的智能可穿戴设备会再一次改变我们的生活方式和工作方式。

虚拟现实本质是模拟一个虚拟的场景。在现实世界中,人们通过五官来感知这个世界,而虚拟现实技术则会将我们直接带入到一个三维世界中,身临其境地感受另一个世界。增强现实是虚拟现实的一个分支,是伴随着虚拟现实技术的发展而诞生的技术。增强现实是将虚拟世界与现实世界结合在一起,用户可以在现实的生活中感受到出现的虚拟物体。

未来"虚拟现实+"将带动许多行业升级换代,为产业发展带来翻天覆地的变化。虚拟现实和增强现实的融合将成为新的趋势。虚拟现实和增强现实产业作为战略新兴产业,覆盖了开发工具、系统平台、硬件、应用以及消费内容等诸多方面。不管是对用户还是行业来说,虚拟现实和增强现实的发展空间很大,虚拟现实、增强现实的具体应用领域如图9-1所示,主要包括无人驾驶、智能金融、智能医疗等一系列技术的应用,从发展趋势来看,虚拟现实时代即将来临。

智能可穿戴设备作为人工智能技术的衍生品,从目前的发展境遇来看,其产品形态多样,其中以智能手环、智能手表和智能眼镜最为常见。但其设备的功能较为简单,仍然作为智能手机的附属品而存在。但是随着智能家居等一系列智能

生态系统的逐渐成形，智能可穿戴设备将更多地作为移动终端的角色。也有人提出，智能可穿戴设备在未来将会以一种新的终端形式来取代智能手机。尽管如此，就目前现阶段智能可穿戴设备而言，无论是技术层面还是功能方面，都还有很长的路要走。

图 9-1 虚拟现实/增强现实的应用

资料来源：根据公开数据整理。

9.2 行业关键技术

9.2.1 虚拟现实/增强现实关键技术

虚拟现实（Virtual Reality，VR）技术是通过计算机系统和传感器技术为用户创造出一个高度仿真的虚拟世界，通过调动用户的感官（视觉、听觉、触觉、嗅觉等），给用户带来更加真实的体验。即用计算机来处理用户行为动作的相关数据，并根据用户的行为做出反应，再反馈给用户的一种数字化的仿真方式。虚拟现实技术具有沉浸感、交互性和构想性的特征（见图 9-2）。

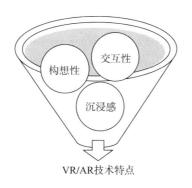

图 9-2 VR/AR 技术特点

资料来源：根据公开数据整理。

（1）虚拟现实输入技术和传感器技术。

虚拟现实技术中的交互性简单来说就是要实现人机互动。在现实生活中，交互是指人们通过相互的语言、动作等表达方式进行信息的传递以达成目标的行为。在虚拟环境中，交互是指用户通过体感特征、手势识别等一系列行为实现人与虚拟对象之间的感知交流。

要实现交互性，就要依赖于虚拟现实输入技术和相关设备。其中，虚拟现实输入技术的核心是动作跟踪与捕捉。而跟踪与捕捉又是通过各类技术传感器方案来完成的。传感器技术是虚拟现实中最为基础的技术。相关的传感器技术主要包括由加速度传感器和陀螺仪组成的惯性测量单位及用于确定用户具体位置的跟踪定位单位。

（2）虚拟现实的输出技术。

沉浸感是虚拟现实的另一大特征，主要指用户可以沉浸在虚拟现实中以达到"身临其境"的目的。同步技术是指构造现实场景，尤其是真实感和沉浸感的构造。主要包括：图像声音同步技术和动作场景同步技术。虚拟现实输出技术的目的在于全面提升虚拟系统的沉浸感，弥补传统输出设备的不足。虚拟现实主要是通过视觉、听觉和触觉等输出技术领域的不断创新，来提高虚拟现实技术的沉浸感和对用户的吸引力。

增强现实（Augmented Reality，AR）是与虚拟现实相似的一种技术，也是将真实世界与虚拟世界相结合，运用计算机等科学技术，将虚拟信息运用到真实世界，让用户感知到在现实世界中难以体验到的实体信息（视觉、听觉、味觉、触觉等），将真实的环境与虚拟的信息实时地叠加到同一个空间中。

增强现实技术除了与虚拟现实面临共同的难点，诸如传感设备、交互设备等以外，增强现实的关键技术在于：能够将真实环境和虚拟物体进行精确对准定位，并能够将虚拟场景与真实环境融为一体的显示设备。具体体现在增强现实的显示技术，以及增强现实的跟踪注册技术。

9.2.2　智能可穿戴设备关键技术

智能可穿戴设备技术（Smart Wearable Device Technology）也称作可穿戴计算设备、智能穿戴设备或可穿戴智能设备，是指可以穿在身上或整合到衣服、配件中的具有计算、存储、传输功能的智能硬件设备终端。具体的表现形式包括眼镜、手表、腕带等。

智能可穿戴设备分为上游关键器件、中游交互解决方案以及下游产品和服务三个方面，如图9-3所示。上游关键器件包括芯片、传感器、屏幕、电池等，其中芯片是智能可穿戴设备的处理中心，它包括对数据的计算、控制以及对多媒体的处理；传感器是一种检测装置，它可以感知外部环境相关信息，并以其他的形式输出信息，以满足对信息的处理。中游交互解决方案是指交互技术，其中最关键的是利用人机交互技术以实现用户的使用价值。下游产品和服务主要体现在智能可穿戴设备应用、功能和服务的技术，即如何实现不同产品的不同功能。

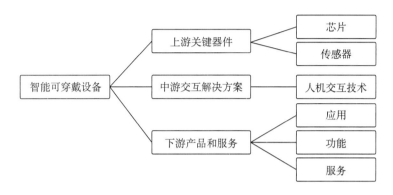

图 9 – 3　智能可穿戴设备技术分解

资料来源：根据公开数据整理。

9.3　国际发展情况

9.3.1　专利情况分析

为了对全球和中国范围内虚拟现实技术和增强现实技术及智能可穿戴设备进行全面的了解，利用定量分析的方法，收集近几年各技术专利申请的情况，进行多方面分析比较。

对技术原创国家/地区进行分析，如图 9 – 4 所示，我们可以看出，技术原创国家/地区主要有：美国、中国、日本和韩国，其占有全球虚拟现实、增强现实技术专利申请的 83%，成为虚拟现实领域的核心技术力量。

美国作为全球经济最发达的国家，在电子通信方面技术领先，在虚拟现实和增强现实领域具有绝对的优势，其专利申请量占全球的 50%。日本作为全球技术发达的国家，其电子行业科技力量强，技术领先，拥有诸多实力强劲的企业，甚至在 20 世纪 90 年代初，还掀起了虚拟现实和增强现实领域的第一次技术创新的高潮。韩国一直重视电子通信行业的研究和发展，其国内也涌现出一批电子通信行业的巨头，在虚拟现实和增强现实领域同样占据较为重要的地位。

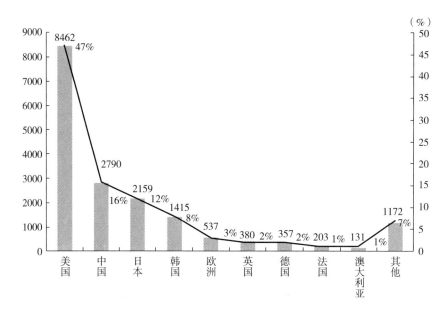

图9-4 虚拟现实、增强现实领域技术原创国家/地区申请量构成比例
资料来源：根据公开数据整理。

我国作为全球新兴经济体的代表，对虚拟现实和增强现实这一新兴技术领域的关注度一直较高，在国家政策方面，采取了一系列措施鼓励发展虚拟现实技术和增强现实技术等高新领域的发展，国内已有多所高校建设了虚拟现实实验室，有着较强的研发能力，同时，随着虚拟现实技术的逐渐成熟，资本逐渐进入，虚拟现实、增强现实市场规模不断扩大，大量的企业进入这一领域并开始进行创新发展。

对收集到的专利数据按申请国家和地区进行统计，图9-5为智能可穿戴设备领域全球申请来源国或地区的分布情况，反映了各国在智能可穿戴设备领域的重视程度及其研发能力。

如图9-5所示，美国申请的专利为9481项，占全球的38%，是全球智能可穿戴技术专利申请量最高的国家；中国紧随其后，以9310项名列全球第二。从数据可以看出，中国和美国申请的专利量之和占全球的7/10，说明美国和中国对智能可穿戴设备技术的重视和支持。排在第三位、第四位的是日本和韩国，这两个国家都是移动便携设备的技术强国。欧洲专利局，简称欧专局，以408项排在第五位。而中国台湾、德国、英国、法国等其他国家和地区只占有少量的份额。综上所述，美国、中国、日本、韩国以及欧专局是全球智能可穿戴设备技术的主要发展国家。

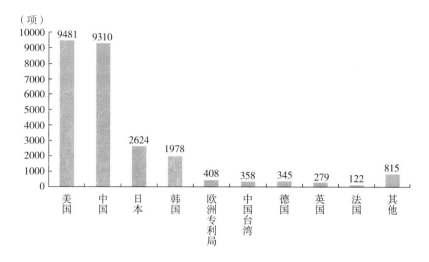

图 9－5　智能可穿戴设备领域全球申请来源国/地区分布态势

资料来源：根据公开数据整理。

9.3.2　代表性企业

虚拟现实行业作为一个新兴领域，其发展速度让所有人感到惊叹。在目前的市场中，虚拟现实、增强现实（VR/AR）产品的应用领域不断扩张，现已涵盖了医疗保健、能源、汽车、矿业等领域。虚拟现实技术虽然在很久之前已经存在，但是在 2016 年，数百万消费者开始使用这一技术，虽然仍有很多的不足，但这标志着虚拟现实技术领域的真正崛起。

（1）谷歌。

2012 年，谷歌推出了其第一代 AR 产品谷歌眼镜，从某种程度上来看，这款眼镜可以比作一个微型安卓智能手机，但由于虚拟现实的大环境尚未普及，导致其销量并不理想，随着智能科技的不断发展，谷歌眼镜也在不断迎合消费者，如第二代谷歌眼镜、谷歌纸板等。谷歌正在积极布局 VR 领域。

（2）Facebook。

2014 年 Facebook 收购了 Oculus，Facebook CEO 扎克伯格就致力于建立一个基于虚拟现实技术的全新社交场景：让用户获得更优质的游戏和影音娱乐体验。随着技术的不断突破，在 2016 年 2 月，扎克伯格和印尼总统 Joko Widodo 进行了一场与众不同的乒乓球游戏，即通过 VR 头盔在虚拟世界中进行的。

（3）微软。

微软开发了诸多虚拟现实技术：Photosynth 软件，用户可以将一组相似的照片生成一个 3D 的场景；3D 体感摄影机 Projt Natal 导入了即时动态捕捉、影像辨识、麦克风输入、语音识别、社群互动等功能。此外，微软还推出了 Hololens 全息眼镜，可以完全独立使用。

在智能可穿戴设备行业中，全球目前主要的制造商有：

（1）Fitbit。

Fitbit 是成立于 2007 年的一家可穿戴设备公司，Fibit 通过抢占市场先机，得到了飞速的发展。在短短的几年时间里，随着可穿戴市场的不断发展，Fibit 已经成为该领域中的第一品牌，其市场占有率最高时可达到 33%。但以目前的形势来看，Fitbit 也面临着很多不断涌现的对手，Apple Watch、小米等都对其产生了威胁，FitBit 也正在调整自己的战略，应对来自各方面的挑战。Fitbit 已经开始测试一些治疗疾病的产品，正在为自己开辟一条新的道路。

（2）Apple。

Apple 在 2014 年发布了 Apple Watch。这一款运动属性的 Apple Watch 的面世，也标志着苹果将进军可穿戴运动设备市场。在细分的运动穿戴设备市场里，与早先步入市场的 Fitbit 相比，Apple Watch 没有实现差异化战略，缺少更加专业、能够解决用户痛点的产品。于是在 2016 年，由 Apple 与 Nike 共同合作研发的 Apple Watch Nike Plus 正式挑战 Fitbit 在市场的龙头地位。

（3）Samsung。

三星的首款智能手表 GALAXY Gear 是 2013 年随着第三代 GALAXY Note 一同问世的，后者也是 GALAXY Gear 上市时唯一支持的智能手机。在 GALAXY Gear 发布仅 6 个月之后，三星出人意料地又发布了 3 款新产品，分别是 Gear 2、Gear Neo 和 Gear Fit。在 2014 年，谷歌发布专为可穿戴设备所开发的操作系统 Android Wear 之后，三星也成为该平台的首批支持厂商，并在同年的 I/O 开发者大会上发布了 Gear Live——一款系统强大、最具活力的智能手机表。

9.4　国内发展情况

9.4.1　专利申请分析

对我国在虚拟现实和增强现实领域申请专利的省份进行对比，图 9 - 6 表示的是各省份发明、实用新型、外观设计专利的总申请量。

从图 9 - 6 可以看出，目前在我国虚拟现实技术领域专利申请位于第一位的是北京市，申请量为 1089 件，遥遥领先于位于第二位的广东省，其主要原因是北京作为我国的首都，聚集了一批高校科研院所以及众多高科技企业，这些都是我国发展虚拟现实、增强现实技术的主力军。其次是位于第二位的广东省、第三位的江苏省、第四位的上海市以及第五位的浙江省，这四者申请量为200～550件，地理位置分布在珠江三角洲和长江三角洲地区，是我国经济、技术、科技都比较发达的沿海地区，云集了相当多的高新技术产业，为虚拟现实、增强现实技术的发展提供了强有力的保证。陕西省、山东省、四川省、天津市、辽宁省等，其申请量为100～200件，也是在我国虚拟现实和增强现实领域发展潜力比较大的省份。

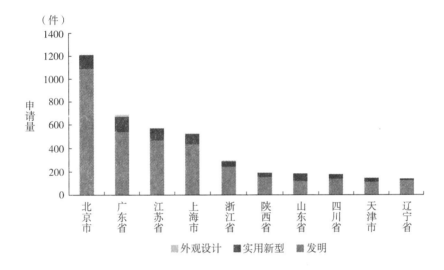

图9-6 虚拟现实、增强现实领域中国国内申请人分布的省份专利申请量对比
资料来源：根据公开数据整理。

下面将主要从中国技术领域分布来对智能可穿戴设备技术专利申请状况进行分析。如图9-7所示。

对国内智能可穿戴设备不同领域申请的专利技术进行分析，我国申请的主要来源集中在广东、北京、江苏、上海、浙江等新兴科技发达的地区，其中，广东省的申请量以4951件的数量领先于其他省份，主要原因是华为公司、腾讯公司、欧泊公司等位于广东的高新技术企业申请量大。北京以3426件落后于广东，申请主要来自于小米公司、百度公司、联想公司等高新技术企业以及众多高校科研院所。江苏、上海等其他省份申请量相对较分散。

9.4.2　代表性企业

目前，我国的虚拟现实技术已经步入了一个快速发展的阶段，我国的商业巨头 BAT（百度、阿里巴巴、腾讯）等企业敏锐地嗅到了其中的商机并迅速进入这个行业。2016～2017 年，从 BAT 到独角兽，中国虚拟现实产业火力全开，这将成为我国信息技术发展的一种新的态势。

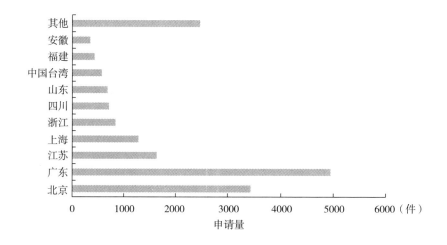

图 9-7　智能可穿戴设备国内申请领域对比

资料来源：根据公开数据整理。

（1）阿里巴巴：打造 VR 平台。

首先，了解一下阿里巴巴对虚拟现实和增强现实的产业布局，如表 9-1 所示。

在 2016 年，阿里巴巴就已投入巨额资金来发展虚拟现实和增强现实产业。阿里的虚拟现实计划已在 2016 年 3 月正式展开实施。阿里巴巴主要利用平台优势全方位推行虚拟现实产业计划。

如表 9-1 所示，阿里 VR 实验室研发推出的"造物神"计划是联合淘宝天猫商家建立一个 3D 的商品库。具体表现为：淘宝在 2016 年推出了"Buy +"购买模式，即利用 3D 数据库，消费者可以通过 VR 淘宝去任何自己想去的场景选购衣服，并可以看到这件衣服的买家秀实物。此外，阿里巴巴联合旗下的优酷土豆共同建立全景视频领域，以 VR 内容输出标准，建立如优酷土豆在"两会"期间推出的 VR 版可点播的"两会"节目。

表 9 – 1　阿里巴巴的 VR/AR 布局

研发	阿里 VR 实验室推出"造物神"计划
内容平台	建立 3D 商品库
	启动"Buy +"计划
	优酷、土豆上线 360 度全景视频
投资	投资 Magic Leap
硬件	大朋 VR 入驻阿里 VR 实验室
	有多款 VR 硬件通过淘宝众筹平台获得关注

资料来源:《VR 战略:从虚拟到现实的商业革命》。

在投资方面,阿里巴巴投资大朋 VR,并通过淘宝众筹平台迅速获得了资金并引起了人们的关注。

(2)百度:以 VR 产业聚集优质内容。

百度自 2013 年起就开始投入人工智能领域。2015 年,百度正式宣布进军 VR 领域——百度视频 VR 频道。百度视频上线的 VR 频道具有我国最丰富的 VR 资源,包括 3D 电影、VR 直播、全景视频、全景图片、VR 网站等,而且还有丰富的线下活动,百度围绕着线上、线下两个方面构建起一个虚拟现实/增强现实产业生态。

从整个虚拟现实/增强现实产业的发展状况来看,内容匮乏是 VR 业界最大的难题。与国外相比,我国的 VR 产业在硬件、内容方面相对比较落后,没有形成一个统一的规范。对于意欲打造 VR 内容聚合平台的百度而言,能够借助大数据、云计算等技术,打破当前 VR 资源极度匮乏的格局,实现内容与消费需求的对接,将是百度实现其商业价值的核心所在。

百度视频 VR 频道的上线,打破了内容资源缺失方面发展的困境。百度视频是根据用户的需求,通过互联网向用户推广优质资源。同时,百度 VR 频道将会向那些已经购买 VR 硬件产品的用户推广行业中最为先进的科技资讯、虚拟现实游戏及视频等,百度会根据用户的不同需求,为其提供个性化和定制化的产品和服务。2015 年 12 月,百度视频推出了以"虚拟视界,感触无限"为主题的 VR 线下体验活动,让用户体验到了最为先进的 VR 科技,并为自身吸引了大量潜在消费群体。此外,百度还计划在国内经济比较发达的一、二线城市的购物中心举办丰富的线下活动,消费者免费体验优质的 VR 产品并获得极致的服务体验。

(3)腾讯:搭建 VR 生态产业链。

早在 2015 年 12 月举办的 Tecent VR 沙龙上,腾讯公司就公布了其 VR 计划,并就此阐述了其在虚拟现实领域中未来的一系列规划,主要包括平台、硬件、投资、服务四个方面，具体如图9-8所示。

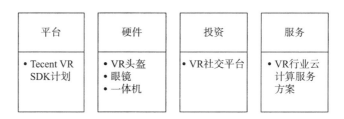

平台	硬件	投资	服务
• Tecent VR SDK计划	• VR头盔 • 眼镜 • 一体机	• VR社交平台	• VR行业云计算服务方案

图9-8　腾讯 VR 战略布局

资料来源：《VR 战略：从虚拟到现实的商业革命》。

从图9-8腾讯 VR 战略布局中可以看出，腾讯对虚拟现实行业的布局主要是对整个商业模式的开发进行了全面的分析，在这一模式中，将平台、硬件、投资以及服务整合到一起，建立了一个完整的业务布局。

根据腾讯的业务布局，腾讯在虚拟现实产业中的硬件方案上将分三步走，即 VR 头盔、VR 眼镜以及 VR 一体机。2016 年，腾讯公司已经推出可充电移动微主机的 VR 眼镜 CV 等一系列适合普通消费者的产品。此外，腾讯还针对手机的移动 VR 以及一体机等方面做出了具体的方案，并计划在未来推出。总体来看，腾讯将在未来重点推出一系列 VR 产品。

腾讯投资布局是以社交旅游作为先驱。人们对 Altspace VR 在虚拟领域的价值认知极早，腾讯公司在2014～2015 年就对其进行了多轮投资。Altspace VR 是一家新兴虚拟现实软件公司，成立于 2013 年，位于美国加利福尼亚州，这家公司将社交媒体代入 360 度全方位的 3D 体验中，用户可以享受到听音乐会、讲座等集体活动的全景虚拟体验。此外，赞那度是一家高端精品旅行的预订网站，在2015 年推出"旅行 VR"，用户可以通过观看短片提前了解旅行感受，从而萌生出发的渴望，腾讯领投赞那度 8000 万元人民币。

（4）小米、360 后发入局。

2016 年 1 月，雷军在小米年会上宣布小米实验室成立，并将其重点聚焦于虚拟现实产业和机器人技术。雷军表示，整个 VR 产业从发展到成熟再到大规模的应用应该会经过 3～5 年的时间。所以，雷军表示在这段时间中，小米会积极参与到这个行业中实现发展，小米 VR 布局如图9-9 所示。

小米在 VR 的产业布局，最大的动作还是投资布局，即联合腾讯和恺英网络为大朋注资 1.8 亿元人民币，自此，小米、腾讯和大朋之间建立了密切的战略合作关系，以各自实物产业优势为起点，在布局虚拟现实产业中展开深入的合作。

图9-9 小米VR布局

资料来源：《VR战略：从虚拟到现实的商业革命》。

360的VR布局如图9-10所示，表面上来看并没有什么创新，只是随着大趋势而进行变化，不激烈也不是无作为。

图9-10 360 VR布局

资料来源：根据公开数据整理。

2015年，360与雷蛇展开合作，计划共同打造VR软件的应用平台，为用户提供虚拟现实的资讯和内容下载。此外，两家公司还携手共同开发国内VR游戏。2016年，360与暴风影音合作推出一款移动头显——360奇酷魔镜。

从阿里巴巴、腾讯、百度、小米、360等巨头们在虚拟现实/增强现实行业中的战略布局来看，虚拟现实行业市场呈现一片大好的趋势，每个公司都面临着不同的机遇和挑战，各企业既要把握机遇，又要在市场上寻找属于自己的一片天地，以巩固自己在这个新兴行业的地位。但我国的虚拟现实行业正处于一个初始发展阶段，谁也不知道将来会迎来何种变化。

据有关数据表明，2017年第二季度，中国智能可穿戴设备前五大厂商为小米公司、步步高公司、广东乐心医疗电子股份有限公司、奇虎360和搜狗公司，如表9-2所示。其中，在本季度市场排名中，小米依靠其手环产品稳居第一；步步高旗下的小天才仍然持续保持在儿童手表市场的龙头地位；乐心公司是一家可穿戴医疗设备供应商；360和搜狗旗下的糖猫科技作为儿童手表的厂商凭借较高的性价比优势、丰富的线上资源，以及持续的产品迭代，进入市场前五名。

由表9-2可知，我国在智能可穿戴行业中，最主要的制造商包括小米、步步高、乐心、360、搜狗等，其进入可穿戴设备领域的发展情况如下：

（1）小米：极致的产品加极致的价格。

IDC周一发布的报告显示，小米在2017年第一季度超越Fitbit，一跃成为全球最大的可穿戴设备厂商。苹果以微弱的劣势排名第二，Fitbit则滑落至市场第三。

华米科技创立于2014年，是小米公司的生态链公司并独自运营，旗下主要产品包括小米品牌的智能手环及智能秤、自主品牌 AMAZFIT 米动系列的智能手环及智能手表。在 2014 年，小米公司发布了小米手环，这款售价 79 元的可穿戴设备由于性价比和超长待机等特点，不仅受到了国内用户的青睐，还冲击了全球智能可穿戴设备市场。截至目前，华米发布过手环系列、智能手表系列的产品，不过这家公司以及小米生态链的"野心"显然不只停留在手环和手表上，也就是说，我们可以将华米视为小米生态链在整个可穿戴设备上的布局。

表 9 - 2   2017 年第二季度中国前五大智能可穿戴设备厂商

排名	厂商	出货量（千台）	市场份额（%）
1	小米	3242	31.30
2	步步高	841	8.10
3	乐心	586	5.70
4	360	439	4.20
5	搜狗	430	4.20
其他		4809	45.60
合计		10347	100

资料来源：根据公开数据整理。

2014 年小米公司创立的智米，是一家智能环境电器公司。到目前为止，智米公司已覆盖了小米空气净化器系列、智米直流变频落地扇、智米除菌加湿器、米家 PM2.5 检测仪、米家空气净化器 Pro 这些围绕室内智慧环境解决方案的硬件。这些产品都是以极致的产品加极致的价格冲击了整个行业。

在小米生态链中，顶部导航涉及家居、家电、服饰、出行等近 15 个分类，我们看到"藏"在这背后的 8H、纯米、骑记、云米等创业公司，未来都有成为华米或智米一样的"潜质"。

（2）步步高：专注儿童市场的小天才手表。

随着用户需求的垂直细分，智能可穿戴设备的儿童市场逐渐成为各家争夺的重要场地。步步高另辟蹊径，其嫡系品牌小天才在 2015 年 5 月推出小天才电话手表，小天才作为"领头羊"，迅速占据了中国儿童手表市场。小天才电话手表以"电话""定位"为核心功能，直击家长的需求，并在后续的改进中加入防水、安全、双重佩戴检测等功能做出产品的差异化，其销量暴增也是理所当然的事情了。

（3）乐心：专注于健康智能。

广东乐心医疗电子股份有限公司是一家专注于健康智能穿戴领域的公司，其产品主要包括智能手环、智能手表、智能人体秤、智能血压计等。乐心在 2009

年开始进入智能健康硬件领域，并在 2010 年研发出第一款智能电子血压计。随着研发的不断进行，乐心推出了一系列饱受赞誉的产品：Mambo 智能手表、ziva 智能手环、S7 智能人体秤、i8 智能血压计等，不仅在年轻人中推广，也涵盖了一部分中老年人市场。

（4）360 和搜狗，进入儿童市场。

2013 年，360 推出了一款与众不同的手环"360 儿童卫士"，其主要包括三个功能：定位、通话以及安全预警。其主要是从"安全"的角度营造产品。360 公司董事长兼 CEO 周鸿祎在访谈中提到，他预想的儿童手表的主要功能就是解决儿童的防拐、防丢问题。除此之外，这款儿童手表不仅仅有安全的功能，从情感的角度出发，这款儿童手表也是孩子和家庭之间的纽带，在家长无法陪伴孩子时，通过这款手表，可以拉近与孩子之间的距离。360 通过其特殊的定位使其在儿童手表市场上迅速占有一席之地。

2014，搜狗公司宣布推出糖猫（Teemo）儿童对讲定位手表。该产品具有语音对讲、位置定位、体感游戏、语音报时等功能。依托搜狗核心产品与技术团队的支持，糖猫儿童手表在其材质、外观设计、定位、通信等方面远超过业内同类产品，深受用户的喜爱，直接表现就是糖猫手表在京东出售的第一月就荣获京东智能手表销量第一的荣誉。糖猫科技是搜狗公司伴随着智能可穿戴设备的发展而发展起来的新兴业务，是搜狗公司围绕大数据和智能可穿戴设备发展所进行的重要布局。

中国的智能可穿戴设备已经进入了快速发展的阶段，小米、步步高、乐心、360 以及搜狗在市场上已展开激烈的竞争，每个公司各自发挥自身的竞争优势以抢夺市场份额。智能可穿戴设备行业的机会窗口已经打开，谁能成为智能可穿戴设备行业的巨头，只有依赖各企业的竞争优势不断发展。

由此可见，中国智能可穿戴设备市场虽尚未迎来爆发式增长，但随着产品迭代和市场接受度的不断成熟和提高，中国智能可穿戴设备市场依然在稳步向前。

9.5　行业展望

2017 年，随着虚拟现实行业的飞速发展，大量资本涌入到该行业中，使其应用领域不断扩张、产品不断进步，并出现在大众消费市场中，成为公认的虚拟现实元年。展望未来，虚拟现实市场将进一步发展，前景十分诱人，而与网络通信特性的结合，更是人们梦寐以求的。与此同时，智能穿戴设备将是智能终端下一个发展方向，智能可穿戴设备把人体作为进入大数据时代入口，提升电子产品的使用效率。无论是虚拟现实、增强现实还是智能穿戴设备，在各方市场力的驱动下，必将迎来井喷式的爆发。

（1）虚拟现实行业将成为投资热点。

2016年，微软、谷歌、苹果、Facebook、阿里巴巴等国际国内科技巨头不断开发新技术进军虚拟现实产业，和君资本、星沅创投等资本大鳄也大力推动了虚拟行业的发展。在两方的共同努力下，虚拟现实行业迎来了爆发性增长。展望未来，虚拟现实行业在经历了市场过热后，资本市场的投资将会更加谨慎、冷静，只有真正拥有核心技术的企业才能获得资本家的认可，成为投资热点。

（2）虚拟现实产业规模将保持快速增长。

2016年，我国的虚拟现实产业规模为34.6亿元，还是在一个比较小的规模下发展，但随着国际国内科技巨头不断开发新技术进军虚拟现实产业，以及资本大鳄的投资，虚拟现实产业规模保持快速增长态势，其规模在2017年达到了52.4亿元，并预计在未来的五年中，虚拟现实产业规模将达到790亿元。

（3）智能穿戴设备具有广阔的发展前景。

据有关数据表明，我国在2016年的可穿戴设备出货量达3876万台，而且智能可穿戴设备市场成为仅次于智能手机的第二大移动智能消费终端。随着可穿戴设备市场规模的不断扩大，2017年智能可穿戴设备的市场规模达到268亿元，发展势头迅猛。除此之外，就目前的发展前景来看，智能可穿戴设备在医疗保健、信息娱乐等方面具有较大的需求，发展速度较快。同时，将其应用到工业和军事领域的市场规模还较小，但其发展潜力巨大。

基于以上分析，尽管国内企业在基础关键技术上还稍有欠缺，但在产品集成技术和设计方面还是具有一定实力的，在未来有可能实现产业层面上的弯道超车。

参考文献

娄岩：《虚拟现实与增强现实技术概论》，清华大学出版社2016年版。

程贵锋、李慧芳、赵静：《可穿戴设备：已经到来的智能革命》，机械工业出版社2015年版。

陈根：《可穿戴设备：移动互联网新浪潮》，机械工业出版社2014年版。

洪炳、蔡则苏、唐好选：《虚拟现实及其应用》，国防工业出版社2005年版。

黄心渊：《虚拟现实技术与应用》，科学出版社 1999 年版。

Tony Mullen、徐学磊：《增强现实》，机械工业出版社 2013 年版。

杨栗洋、陈建英、曾华林：《VR 战略：从虚拟到现实的商业革命》，中国铁道出版社 2017 年版。

张茂于：《产业专利分析报告（第 51 册）——虚拟现实与增强现实》，知识产权出版社 2017 年版。

张茂于：《产业专利分析报告（第 55 册）——智能可穿戴设备》，知识产权出版社 2017 年版。

Miiller S. , *Virtual Reality and Augmented Reality*, Machinery, 2013.

Rosenblum L. , *Virtual and Augmented Reality* 2020, IEEE Computer Society Press, 2000.

Martens J. B. & Qi W. & Aliakseyeu D. et al. , *Experiencing 3D Interactions in Virtual Reality and Augmented Reality*, 2004.

Council N. & Durlach N. I. & Mavor A. S. , *Virtual Reality：Scientific and Technological Challenges*, Elsevier, 1994.

DengzheMa & Jürgen Gausemeier & XiuminFan, *Virtual Reality & Augmented Reality in Industry*, Shanghai Jiao Tong University Press, 2011.

10 共享经济

张玉雪

10.1 行业重要性

最早提出分享经济是在资本主义经济背景下，为解决员工与企业主利益分配机制而创造出的职工股份所有制计划、利润分享计划，从形式上讲是最早的弹性收入分享计划。詹姆斯·米德，1977 年诺贝尔经济学奖得主，他主张通过职工持股的方式使工人参与到分享企业收入的过程中。传统的分享经济与现在的共享经济具有一定的相同点，都是为了实现社会资源和福利的共享，提升社会效率，但是互联网时代下的共享经济在发展的动力、分享的内容与运行的模式方面均与传统的分享经济有很大的不同。

共享经济鼻祖 Zipcar 创始人罗宾·蔡斯在其《共享经济——重构未来商业新模式》一书中指出，产能过剩是共享平台向外界提供产品和服务的关键，新的价值将从原有的事物中重新挖掘出来，并会被重新利用，尤其对企业家来说，他们所面临的最大问题就是资本匮乏，那些渴望更高投资回报率的公司和政府机构应该不断寻找某种方式，通过某种程度的开放，对其手中过剩的产能资本进行重新规划，对公司而言利用闲置资源的成本要比重新购置资源的成本低得多，并且能够为企业节省很多时间，因为闲置资源是企业本身已有的资源，企业无须再在搜寻、购置新的资源方面花费时间与成本，因此这种企业原本就拥有的闲置资源能够帮助企业以较低的成本重新获得收入，它使得第三方平台的搭建更具有现实意义。

彭文生教授从经济学的角度指出，在如今互联网时代，共享经济实质上是一种租赁的经济模式，即通过在互联网上搭建第三方平台，个体之间可以在这个第三方平台上对自己所拥有闲置资源的使用权进行交易，从本质上来说，共享经济是通过对闲置资源使用权的短暂性转移进行获利。张孝德从可持续发展的角度指出，分享经济是在可持续发展观的指引下所形成的一种环保的再消费经济。

所谓共享经济，就是将资源的所有权和使用权进行分离，人们出售自己的时间、技能、拥有物的使用权，用以分享给需要的人，参与者公平有偿地共享经济红利。

新时代的共享经济是在最近几年开始流行的，得益于互联网技术的快速发展，使得人们通过互联网第三方平台直接交易手中的闲置资源成为可能。可以说，互联网平台的出现和普及，极大地降低了信息搜索成本，同时提高了交易的透明度，使个人或企业通过出租闲置资产的使用权来获利成为可能（见图 10 - 1）。

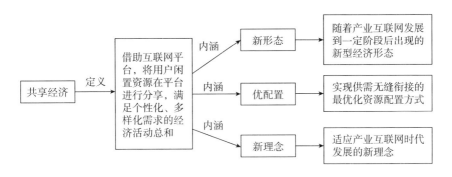

图 10 - 1 共享经济的定义及其内涵

资料来源：本研究整理所得。

共享经济在中国的起始时间明显落后于美国，"共享"的概念于 1978 年由一位美国教授率先提出，而共享经济也不过是在近几年才变得火爆起来，腾讯研究院的一份有关共享经济的年度报告显示，共享经济于 2010 年正式在中国崭露头角，当时的初创企业还不足 100 家，随后在 Uber、Airbnb 等国外共享经济行业巨头企业的带领下，2011 年共享经济在中国正式开始起步，在 2011 年全年，企业增加了 52 家，2012 年，共享经济行业企业又新增了 71 家，在 2013 年，企业又新增了 151 家，共享经济在这一时期得到了迅速发展，在 2014 年和 2015 年共享经济行业进入了爆发期，企业在 2014 年新增了 326 家，在 2015 年新增了 341 家，可以说是平均每天都会有一家共享经济企业成立，经过 2014 年和 2015 年的井喷期，在 2015 年年底，共享经济行业的初创企业数量已然超过 1000 家。2016 年，虽然共享经济行业的增速有所回落，但随着以 ofo、摩拜等为代表性企业的共享单车行业的迅速发展，企业仍然保持了较为稳定高速的增长，全年增加了 96 家，

小蓝单车、永安行、酷骑单车、悟空单车等众多企业涌入共享单车行业，2016
年因此也被称为"共享单车元年"，到2016年年底，共享经济行业的初创企业数
量已经达到1100多家。

图 10 - 2　2017 年共享经济行业图谱
资料来源：电子商务研究中心，WWW.100EC.CN。

通过图10-2可以看出，2017年共享经济行业的版图已经涉及了餐饮、住
宿、出行、金融、物流、知识技能、医疗等众多行业，共享单车、共享住宿、共
享充电宝、共享汽车、共享雨伞等各式各样的共享领域企业如雨后春笋般层出不
穷，根据电子商务研究中心（100EC.CN）有关数据绘制的图10-3显示，截至
2017年底，约有190家共享经济平台获得融资，总融资金额高达1159.56亿元，
其中共享汽车行业以764.59亿元的融资金额高居榜首，共享单车行业经历了
2017年的寒冬之后，目前基本已经形成了ofo、摩拜、哈罗单车三足鼎立的稳定
局面，2017年获得了258.09亿元的总投资，除此之外，共享充电宝、共享办公、
共享知识技能等新兴企业在2017年也得到了各大资本财团的青睐，越来越多的
企业正在加速融入到共享经济的领域，"共享＋企业"的模式变得越来越炙手
可热。

根据国家信息中心与中国互联网协会分享经济工作委员会合作研究的第三份
共享经济年度报告——《中国共享经济发展年度报告（2018）》所提供的数据绘
制而成的图10-4、图10-5表明，2017年，我国共享经济平台员工总数高达

716 万人,比上年明显增加 131 万人,同比增长 22.3%;同时 2017 年共享经济领域新增了 131 万个工作岗位,占社会总就业岗位的 9.7%,比上年增加了 3.2%,可见共享经济行业对扩大社会就业有着重要的作用,同时对推动经济发展有着积极的影响。

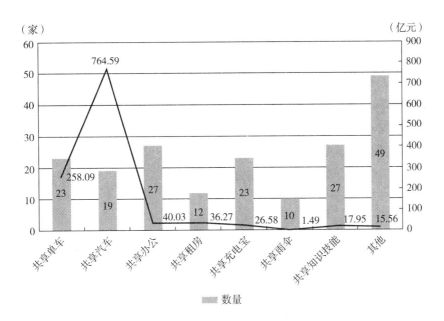

图 10 - 3　2017 年共享经济获投平台数量及金额

资料来源:根据电子商务研究中心数据绘制而成,WWW. 100EC. CN。

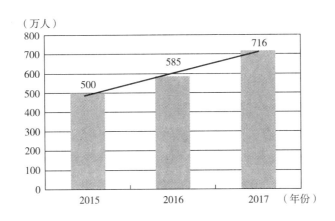

图 10 - 4　2015～2017 年我国共享经济平台员工数

资料来源:根据国家信息中心公开数据绘制而成。

图 10 - 5 共享经济对扩大就业的作用

资料来源：国家信息中心，http：//www. useit. com. cn/thread - 18147 - 1 - 1. html。

10.2 行业关键技术

共享经济行业目前最为火热的是出行领域，其中致力于绿色出行和解决最后一公里短途出行问题的共享单车行业在 2016 年最为火爆，据交通部的有关数据显示，截至 2017 年年底，先后有 77 家共享单车企业进入市场，累计投放单车 2300 万辆，注册用户达到 4 亿人次，累计服务 170 亿人次，日最高使用量达到 7000 万次，据中国信息通信研究院发布的《2017 年共享单车经济社会影响报告》显示，共享单车行业 2017 年共计为全社会带来 2213 亿元的经济社会效用，包括提升民生福祉 1458 亿元，创造社会福利 301 亿元，赋能传统产业 222 亿元，拉动新兴产业 232 亿元，拉动就业量 39 万人，由此可见，2017 年共享单车领域成了共享经济行业最大的风口。

共享单车目前被投放在世界各地，极大地方便了人们的短途出行，共享单车行业实质上是"物联网＋互联网＋人工智能＋云平台"关键技术的多重结合，共享单车应用平台的一端是单车，另一端是用户，通过物联网、大数据、云端等多重技术的共同配合提供单车分时租赁的服务。

（1）云计算平台。

共享单车行业的火爆离不开"云计算"服务平台的快速发展，云端应用是一个建立在云计算之上的大规模双向实时应用，能够储存、管理大量的用户数据，处于整个共享单车组成部分的中枢位置，它所提供的巨大规模的数据处理能够应付大规模的并发单车使用场景，能够在同一时间满足数百万用户的需求，摩拜的云服务就是建立在微软的 Azure 公有云服务平台之上，具体来说，对用共享单车平台的用户端来说，扫描单车上的二维码后，云端在接收到用户请求解锁的命令后发布指令进行解锁单车；同时云端会对单车的实时位置和状态进行跟踪，从而能够实现用户同步计费、建立用户信用体系的功能（见图10-6）。

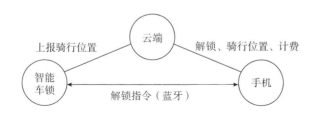

图10-6　共享单车云端应用示意图

资料来源：根据公开资料绘制而成。

（2）智能锁技术。

共享单车上安装的智能锁最能体现"物联网＋云计算＋人工智能"的应用，智能锁的发展经历了以下几个阶段，共享单车主要有三类智能锁（见表10-1）：早期为以ofo第一代手动机械解锁为代表的简单机械锁，后来发展到以摩拜第一代使用的通过GPRS网络短信开锁为代表的GPRS锁，再到如今通过蓝牙和手机连接，使用手机网络与服务器通信开锁的三个阶段，并且新增了电子围栏、预约等更为先进的功能，目前，智能锁运用了物联网的基本原理，主要由基由控制、通信、感知、执行、供电这几个模块组成。

①内置芯片：这部分在共享单车中属于控制模块，主要负责处理信号，如通信、车锁的控制等。

②通信模块：共享单车主要通过蓝牙进行通信，单车内置GPS通信系统，主要负责连接用户手机并将用户请求解锁、实现电子围栏等应用的数据上传至控制系统，并能通过GPS通信系统对车辆的位置、用时进行实时监督，实现计费，防止车辆被盗的功能。

③电子围栏技术：像共享单车这样的无桩自行车，由于单车停放位置不容易受限制，很容易出现乱停乱放的现象，影响城市交通，目前在单车内新增的电子围栏技术能够与精度非常高的地图定位技术相结合，提醒用户合理停放单车。

（3）人工智能。

人工智能在共享单车中的应用主要是：能够精准获取与预测用户的出行数据并与云端进行共享，应对用户出行的高峰阶段，并且能够与地理定位技术高度结合，从而划定虚拟的"电子围栏"区域，帮助用户合理停放车辆。

目前各大平台都在积极参与人工智能的开发研究，主要包括建立AI人工智能测评技术，与互联网技术进行高度结合，构建新一代城市云脑，为提升人们生活质量、行业与城市的智能水平服务。

表 10-1 共享单车智能锁类型

车锁	共享单车	特点	缺点
机械锁	ofo	单车编号对应相应的解锁密码，密码固定不变 无 GPS 定位终端	易被破解盗用；计费不准确；找车困难
GPS 锁	摩拜、小鸣单车	GPRS 结合了 GPS 芯片和 SIM 卡芯片，进行解锁提供定位服务，后台调度区域车辆使用 拥有机械式、太阳能式充电电池供电	电池板易损坏 车身相对较重
纯蓝牙锁	优拜单车	通过手机与蓝牙通信开锁，可以提升反应速度 不受运营商网络影响，不会出现连不上网的问题 利用手机定位，无 GPS 定位终端	易被盗用，难以找回；无法确定是否关锁；计费容易出现偏差

资料来源：根据公开资料整理。

10.3　国际发展情况

美国是共享经济发展最早，相对成熟的国家，自从以 Uber、Airbnb 等为代表的以共享用户闲置资源赚取收益的第三方应用平台成立以来，共享经济行业在美国就如雨后春笋般迅速成长起来，随后带动了全世界共享经济行业的发展。据普华永道的乔·阿特金森报道，共享经济行业的火爆发展离不开千禧一代（泛指出生于 1980~2000 年的人）的大力支持，他们对互联网新兴事物充满好奇，接受力以及推广力都非常强大，能够迅速接受并普及共享经济这种商业模式，这部分人群约占共享经济总人群的 40%，共享经济使原本闲置在人们手中的物品重新流动起来，旧货店、二手服装等形式，不仅使消费者减少购买，还解决了闲置资源的浪费并增加了额外收入，因此共享经济行业在美国能够得到快速发展，深受人们的喜爱，下面就以两家典型的独角兽企业为例进行分析。

（1）Uber 是共享经济的鼻祖之一。

Uber 总部位于美国加利福尼亚州旧金山，它是一个提供私家车服务的叫车平台，通过在 Uber 应用平台进行注册，车辆司机与用户就能进行联系，不仅方便了用户出行，还为车辆司机带来了额外收入。Uber 目前在亚太地区已经进入了 25 座城市，覆盖了全世界 121 座城市，作为规模如此庞大的国际共享出行公司，Uber 强调自己与美国国内出行公司相比，最大的特点在于用户不仅在国内可以随时享受方便的出行服务，即便到了国外，同样也能使用 Uber 应用平台，极大地方便了人们在国内和国外的出行。Uber 全球安全主管菲利普·卡德纳斯称，在全球 260 个市场，Uber 每天接送乘客 100 万人次，目前已累计达到了 1.4 亿人次。

在 2016 年初，Uber 已经完成新一轮 20 亿美元的融资（见表 10-2），估值已经高达 625 亿美元，超过通用、雅虎、时代华纳等公司的市值，在获得风险投资支持的企业中，Uber 创下了有史以来的最高估值。2014 年 7 月 14 日，Uber 宣布进军北京，这是 Uber 自进入中国以来的第 5 个城市，也是 Uber 在全球进入的第 100 个城市，但进入中国市场以来，Uber 就一直大幅落后于滴滴，后者在巅峰时期甚至占到了中国网约车市场 80% 的份额。而且在本地化方面非常笨拙，在与百度达成合作之前，Uber 一直坚持使用谷歌地图，而谷歌在中国的市场占有率非常之小。此外，Uber 照搬了国外的信用卡支付系统，而这种支付系统在中国大陆几乎没有生根发芽的土壤。在国内，许多人喜欢用微信、支付宝支付，但 Uber 是不可能获得作为滴滴投资者的腾讯、阿里巴巴支持的。在 2016 年 8 月 1 日，两家公司达成战略协议，Uber 在中国大陆的品牌、数据、业务等资产均被滴滴出行收购，滴滴出行和 Uber 全球将相互持股，成为对方的少数股权股东，Uber 全球将持有滴滴 5.89% 的股权，相当于 17.7% 的经济权益，Uber 中国的业务未来将交由滴滴运营。

表 10-2 Uber 融资历程表

融资轮	融资时间	融资金额（美元）
种子轮	2009.08	20 万
天使轮	2010.10	125 万
A 轮融资	2011.02	100 万
B 轮融资	2011.12	3700 万
C 轮融资	2013.08	2.58 亿
D 轮融资	2014.06	12 亿
E 轮融资	2014.12	12 亿

融资轮	融资时间	融资金额（美元）
债务融资	2015.01	16 亿
E 轮融资	2015.02	10 亿
F 轮融资	2015.07	10 亿
私募股权	2015.08	1 亿
私募股权	2015.09	12 亿
私募股权	2016.01	20 亿

资料来源：根据公开资料整理。

（2）Airbnb：颠覆畅通商业的终结者。

Airbnb 成立于 2008 年 8 月，这一名称是"AirBed and Breakfast"的缩写，中文翻译为爱彼迎（让爱彼此相迎），总部位于旧金山，Airbnb 拥抱移动互联网革命，并使自己的产品根植于以 Facebook、Twitter 为代表的移动社交平台，从而实现了商业、社交、合作、共享的深层次融合。目前，Airbnb 用户遍布 167 个国家近 8000 个城市，更是发布了高达 5 万条的房屋租赁信息，被时代周刊称为"住房中的 EBay"（见图 10 - 7）。

Airbnb 于 2017 年 1 月 27 日宣布首次实现盈利，公司营业额增长更是超过 80%。

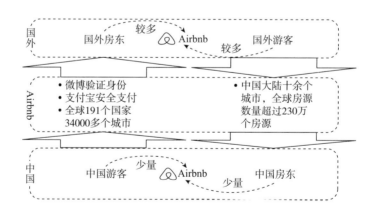

图 10 - 7　Airbnb 的业务对比

资料来源：图片来源于易观数据库。

2015 年 8 月 18 日，美国共享短租巨头 Airbnb 终于涉足中国市场，而这期间，"中国版 Airbnb"也进行着层出不穷的实践，途家、木鸟短租、住百家等也在积极寻求融资，2011 年 12 月 1 日途家网正式上线。同年，与携程网战略合作正式上线。2012 年途家网海外房源上线。次年，途家网完成 B 轮融资，两轮融资合计 4 亿元人民币。2014 年，途家网完成 C 轮 1 亿美元的融资。2015 年 8 月，途家完成 D 及 D + 轮 3 亿美元的融资，估值超过 10 亿美元（见表 10 - 3）。2016 年 3 月，途家与雅诗阁联手推出"途家盛捷"公寓品牌。同年 6 月，途家宣布战略并购蚂蚁短租，而作为交易的一部分，58 集团将会成为途家的新股东。Airbnb 在中国的市场并不像其预计的那么好，目前在中国本土市场使用较少。

表 10 - 3 Airbnb 融资历程表

融资轮	融资时间	融资金额（美元）	主要投资方
种子轮	具体不详	780 万	红杉资本、Crunch Fund Ashton KutcherSV 天使基金、Youniversity
天使轮	2011.5	1.12 亿	Andressen Horowitz、DSTGlobal General Catalyst
A 轮融资	2012.10	1.17 亿	不详
B 轮融资	2013.2	2 亿	携程、纪源资本 GGV、光速中国 宽带资本 CBC、启明创投、HomeAway
D 轮融资	2014.4	4.75 亿	TPG Growth 新桥资本、T. Rowe Price 红杉海外
战略投资	2015.6	15 亿	KPCB 全球、纪源资本 GGV、老虎国外 T. Rowe Price、淡马锡、宽带资本 CBC
F 轮融资 - 上市前	2016.6	10 亿	摩根士丹利、摩根大通、Citi Ventures Bank of America
战略投资	2016.9	5.55 亿	Google Capital Technology Crossover Ventures
F 轮融资 - 上市前	2017.3	10 亿	中投公司

资料来源：根据公开资料整理。

目前中国市场上的短租结构如图 10 - 8 所示。

| 第一梯队 |  小猪、途家和Airbnb等目前在市场品牌、业务服务、融资规模、用户反馈等方面处于领先地位。 |

| 第二梯队 | 木鸟短租、游天下等作为短租行业的重要组成部分，在房源规模、业务服务等都具有相对优势。 |

| 第三梯队 | 在短租行业快速发展的背景下，创业公司大量进入，各自依托个人房源、服务和地产资源成为行业的新进入者，这些厂商与行业领先者一同推动市场认知，扩大行业市场规模。 |

图 10 - 8　中国市场的共享短租情况

资料来源：图片来源于易观数据库。

10.4　国内发展情况

虽然共享经济在中国发展较晚，但其近些年在中国的发展速度非常之快，据电子商务研究中心（100EC. CN）监测数据显示，2017 年中国共享经济市场规模约为 52850 亿元，较 2016 年的 36750 亿元增长了 43.81%。2017 年 3 月，分享经济首次写入政府工作报告："要推动新技术、新产业、新业态加快成长，以体制机制创新促进分享经济发展，建设共享平台，支持分享经济发展，提高资源利用效率，让更多人参与进来，富裕起来"。7 月 27 日，我国第一部关于分享经济的网约车新政出台，《网络预约出租汽车经营服务管理暂行办法》明确了网约车的合法地位。

2017 年共享经济行业迎来了多元发展，目前我国共享出行领域的发展状况如图 10 - 9、图 10 - 10 所示。

共享经济在中国已不再是一枝独秀，而是百花齐放。当前，共享经济独角兽企业已达到 15 家，准独角兽企业达到 49 家，在中国以出行带动起来的餐饮、医疗、住宿、教育、金融等各种共享经济模式正如雨后春笋般向我们涌来。下面将以出行领域中的几家"独角兽"企业为代表对目前中国共享经济的发展状况进行分析：

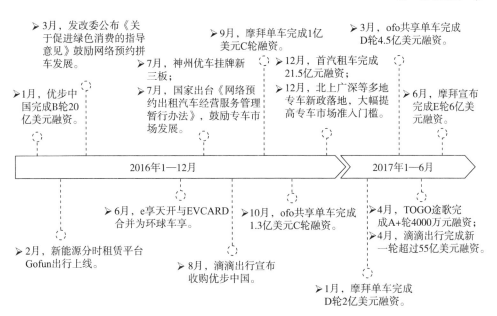

图 10 - 9　中国共享出行领域发展示意图（1）

资料来源：图片来源于易观数据库。

图 10 - 10　中国共享出行领域发展示意图（2）

资料来源：图片来源于易观数据库。

（1）滴滴出行。

滴滴打车是一款打车软件，2012年9月9日在北京上线。由北京小桔科技有限公司所设计开发，涵盖出租车、专车、快车、顺风车、代驾及大巴等多项业务。三年之后，即2015年9月9日，"滴滴打车"更名为"滴滴出行"，将自身业务从单纯的打车服务扩展到海陆空全方位领域。

继2015年2月14日"滴滴打车"并购"快的打车"后，2016年8月1日滴滴出行宣布与Uber全球达成战略协议，滴滴出行将收购优步中国的品牌、业务、数据等全部资产并在中国大陆运营。Uber全球将持有滴滴5.89%的股权，相当于17.7%的经济权益，Uber中国的其余中国股东将获得合计2.3%的经济权益。此外，卡兰尼克将进入滴滴出行董事会，滴滴总裁程维也将进入Uber的董事会。滴滴方面表示，未来，优步中国将保持品牌和运营的独立性，司机和乘客继续获得稳定服务。滴滴出行将整合双方团队在管理和技术上的经验与专长，在用户资源、线上线下运营和营销推广等层面共享资源、协同发展。此次交易后，滴滴成为唯一一家由腾讯、阿里巴巴和百度共同投资的企业（见表10-4）。

表10-4 "滴滴出行"融资情况

融资轮数	时间	金额	投资方
天使轮	2012.7.1	数百万元	王刚
A轮	2012.12.1	300万美元	金沙江创投
B轮	2013.4.1	1500万美元	腾讯
C轮	2014.1.1	1亿美元	腾讯、中信产业基金
D轮	2014.12.9	7亿美元	Temasek淡马锡、DST国际投资集团、腾讯等
E轮	2015.5.27	1.42亿美元	新浪微博（新浪微创投）
F轮-上市前	2015.7.8	30亿美元	中投公司、中国平安、阿里巴巴、腾讯、Temase、Coatue Management等
F轮-上市前	2016.2.24	10亿美元	北汽产业投资基金、中投公司、中金甲子、中信资本、赛领资本
战略投资	2016.5.13	10亿美元	Apple苹果公司
战略投资	2016.6.13	6亿美元	中国人寿
F轮-上市前	2016.6.16	45亿美元	中国人寿、Apple苹果、蚂蚁金服、腾讯、招商银行、软银中国等
战略投资	2016.8.16	亿元及以上美元	中国邮政

续表

融资轮数	时间	金额	投资方
战略投资	2016.9	2亿美元	富士康
F轮－上市前	2016.12	数千万美元	律格资本
F轮－上市前	2017.4.28	55亿美元	招商银行、软银中国、高达投资、银湖资本、中俄投资基金、交通银行
战略投资	2017.12.21	40亿美元	软银中国、阿布扎比慕巴达拉公司

资料来源：根据公开资料整理。

　　2016年8月1日，滴滴收购Uber，战场上只剩下滴滴出行和易到两家巨头，意味着以往的网约车疯狂"烧钱"大战将成为过去，网约车市场将逐渐回归商业的本质，如何在将来的市场竞争中超越竞争对手，创新能力将成为企业抢占市场最关键的因素。2016年互联网出行市场整体继续保持高速发展状态，随着滴滴出行并购优步中国，中国互联网专车格局基本确定，滴滴出行也确定了其领先者的地位，对于消费者而言，现金补贴大战基本结束，服务升级已成为消费者与各大出行公司聚焦的热点。

　　滴滴在全球不断扩大其版图的同时，神州专车主体在新三板成功挂牌上市，成为互联网专车服务第一股，中国专车市场寡头化格局已定（见图10－11）。

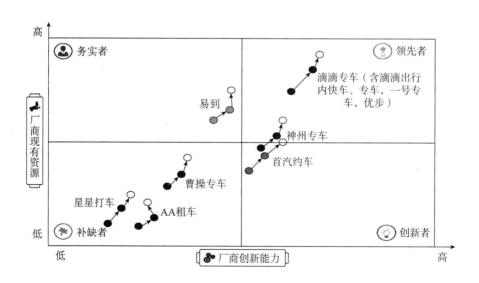

图10－11　中国互联网专车市场实力矩阵图

资料来源：图片来源于易观数据库。

2016 年，国家和各地方政府专车政策相继落地，其中多数对司机、车辆的准入门槛要求过于严格，导致市场供需平衡被打破，市场发展节奏被打乱，用户体验差；未来中国互联网专车运营商在继续多方面深化提高服务质量的同时，要加大技术投入，增强企业产业创新的能力，积极布局上下游产业链，探索新的商业模式。

随着滴滴出行收购 Uber（中国），网约车市场暂时停止了疯狂的"烧钱"补贴大战，逐渐回归商业本质，但在 2017 年年初，随着美团在南京上线网约车业务，率先入侵滴滴"家门"，新一轮的网约车大战又被拉开序幕。并且在 2018 年 3 月 21 日，美团宣布正式进入上海，一场由美团打车掀起的网约车补贴大战又重新开启，但与之前的补贴大战不同，这场补贴战并没有持续太久，被主管部门紧急叫停，补贴的取消，意味着网约车市场回归正轨，这种以低价的方式抢夺竞争市场的恶性竞争，反而会影响网约车市场的健康稳定发展，还给城市增添了负担。2018 年 4 月 1 日晚，有消息称，滴滴与美团双方高层进行了接触性谈判，商定停战并达成合作共识（见表 10 - 5）。

表 10 - 5　滴滴与美团的打车之战

时间	事件
2015.11.24	滴滴战略投资饿了么，资金不详
2017.2	美团在南京上线网约车业务
2017.6	美团上线出租车业务
2017.7	南京市交通局向美团颁发网约车许可证
2017.8	美团打车 APP 上线
2018.1.21	上海向美团颁发网约车许可证
2018.3.21	美团打车登陆上海，3 天后声称拿到当地 1/3 份额
2018.4.1	滴滴外卖在无锡试运营，9 日上线当天声称成为无锡第一外卖平台，滴滴在南京等 8 个城市上线，并招聘骑手
2018.4.1	双方高层接触谈判，商定停战并合作

资料来源：根据公开资料整理。

在这新一轮的打车与外卖之战中，对于两方中的任何一方都不可能通过单纯的价格补贴获得持久性的竞争优势，最终考验的还是平台的商业模式、技术手段以及提供的服务能否给用户带来最大的"体验价值"，对于美团来说，其进入网约车市场有着绝佳的优势，因为外卖平台给美团带来了巨大的数据流量、丰富的场景以及用户需求，美团进军网约车领域也符合其多元化发展的战略，即最终发展成为一家"综合服务提供商"，也可以说，出行业务就是美团战略的必然延展，美团进军网约车领域对滴滴出行的市场寡头地位发起了冲击，未来网约车市场的走向仍处于不断变化之中。

（2）共享单车。

由于共享单车市场进入门槛过低，导致从2016年下半年开始，共享单车市场呈现出爆发式发展态势，市场规模急剧扩大（见图10-12），参与其中的运营商逾30家，市场融资总额过百亿元人民币，市场上的共享单车企业良莠不齐，共享单车给人们带来方便的同时，也给社会带来了很多问题，中国共享单车市场正在加速进入市场洗牌期（见图10-13）。

图10-12 资本市场催化下中国单车市场急剧升温

资料来源：易观数据库。

2017年1月摩拜首先完成D轮融资2.15亿美元，3月份ofo也宣布完成D轮4.5亿美元的融资，目前共享单车市场经过一年的激烈洗牌，诸多二、三线品牌，如小蓝单车、小鸣单车、酷骑单车等相继宣布倒闭，退出共享单车市场，市面上主流共享单车市场大致分为三个梯队：

第一梯队：摩拜、ofo占据了95%的市场份额，拼融资、拼技术、拼数据，甚至到海外搏杀。

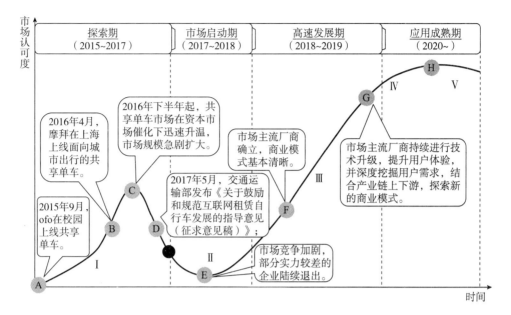

图 10 – 13　2016 年中国共享单车市场 AMC 模型

资料来源：易观数据库。

第二梯队：以永安行、哈罗单车两家平台组队，试图联手对抗共享单车的两座大山，虽然在市场份额上不及两大巨头，但部分三、四线城市占比较高。

第三梯队：以酷骑单车、小蓝单车、小鸣单车为例，已经卷入到押金、失联风波中，另外悟空单车、3Vbike、町町单车等因不堪资金压力已经黯然离场。

摩拜单车、ofo 共享单车的硬核度高，说明单车用户中大部分会优先选择使用它们。2017 年第 1 季度，中国共享单车市场中摩拜单车 APP 和 ofo 共享单车 APP 的硬核用户数量均远超领域内其他 APP，领跑共享单车市场（见图 10 – 14），这主要归功于二者的先发优势和规模优势，从硬核用户分布来看，摩拜单车和 ofo 共享单车硬核用户之和占共享单车领域用户的 90% 以上，中国共享单车市场初步呈现两超多强市场趋势。中国共享单车市场竞争及利润，各企业产品服务有一定同质化。为获取用户，企业在大量投放车辆的同时对用户推出各种补贴，为方便用车及获得更多优惠，用户会同时使用多个共享单车 APP，目前市场格局已经基本定型，摩拜单车和 ofo 共享单车共同主导中国共享经济市场发展。

2017 年，随着小蓝单车、悟空单车等共享单车企业的相继离场，ofo、摩拜两家企业形成了寡头垄断的市场地位，资本市场开始回归其商业本质，通过表 10 – 6、表 10 – 7ofo 与摩拜的融资历程可以看出，两家公司在 2017 年融资都已达

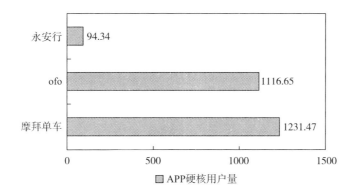

图 10 - 14 2017 年第一季度中国共享单车 APP 硬核用户数量前三名

注：APP 硬核用户是指在统计周期内，若某用户使用某 APP 频次大于其使用同领域内其他 APP 频次之和的 1 倍，则该用户为该 APP 硬核用户。

资料来源：根据易观数据库有关数据绘制而成。

到了 E 轮，最高融资金额高达 7 亿美元，从两家共享单车企业来看，ofo 的背后投资方主要是以阿里巴巴为首的企业，而摩拜背后的投资方主要是以腾讯为首的企业。

表 10 - 6 ofo 融资历程表

轮数	时间	金额	投资方
天使轮	2015. 3. 17	数百万人民币	唯猎资本
Pre - A 轮融资	2015. 12. 22	900 万人民币	东方弘道（弘和基金） 唯猎资本
A 轮	2016. 2. 1	1500 万人民币	金沙江创投 东方弘道（弘和基金） 朱啸虎
A + 轮	2016. 8. 2	1000 万人民币	真格基金 王刚 张子陶
B 轮	2016. 9. 2	数千万美元	经纬中国领投，金沙江、唯猎资本跟投
C1 轮	2016. 9. 26	数千万美元	滴滴出行
C2 轮	2016. 10. 10	1.3 亿美元	Coatue、小米、顺为资本、中信产业基金、元璟资本、Yuri Mliner、经纬中国、金沙江创投等

轮数	时间	金额	投资方
D 轮	2017.3	4.5 亿美元	DST 领投，滴滴、中信产业基金、经纬中国、新华联集团等跟投
D + 轮	2017.4	数亿元	蚂蚁金服
E 轮	2017.7	7 亿美元	阿里巴巴、弘毅投资和中信产业基金领投，滴滴出行和 DST 持续跟投

资料来源：根据公开资料整理。

表 10 - 7　摩拜融资历程表

轮数	时间	金额	投资方
A 轮	2015.10.30	数百万美元	愉悦资本
B 轮	2016.8.19	数千万美元	熊猫资本 JOY Captial 预约资本 创新工场
C 轮	2016.9.30	1 亿美元	红杉资本中国 高瓴资本 Hillhouse Capital
C + 轮	2016.10.13	近亿美元	高瓴资本、华平投资集团、腾讯、红杉资本中国、启明创投、贝塔斯曼、愉悦、熊猫、祥峰和创新工场以及美团点评 CEO 王兴
D1 轮	2017.1.4	2.15 亿美元	腾讯、华平投资领投，携程、华住、TPG、红杉资本中国、高瓴资本、熊猫资本、JOY Captial 预约资本创新工场等资本跟投
D2 轮	2017.2.20	亿及以上美元	富士康
E 轮	2017.6	6 亿美元	腾讯领投，工银国际、交银国际、Farallon Captial、TPG、红杉中国、高瓴资本等跟投

资料来源：根据公开资料整理。

　　进入 2018 年上半年以来，看似已经趋于平静的共享单车市场又开始动荡起来，其实在 2017 年年底，关于摩拜、ofo 资金紧张、挪用用户押金的消息就一直没有停歇，2018 年 3 月，戴威先后两次以其所拥有的单车为抵押物，向阿里巴巴旗下关联公司融资共计 17.7 亿人民币，缓解了其资金链短缺的压力，而对于摩拜，据报道，距离 2017 年 6 月融到 6 亿美元已经过去近 10 个月的时间，在这期间，ofo 与哈罗单车已成功获得阿里的巨额投资，滴滴也收购了小蓝单车，并推出了自有单车青桔单车，这对摩拜都造成了无形的压力，在重重压力之下，摩拜在 2018 年 4 月 3 日宣布，其将以 37 亿美元（其中包括 27 亿美元的实际作价及 10 亿美元的债务）出售给美团，正式成为美团到店、到家、旅行、出行四大 LBS 场景中的一部分。

共享单车看似简单收购的背后隐藏着资本财团之间的争斗，ofo 与摩拜最近的走向也印证了这一点，目前阿里巴巴旗下有 ofo 和哈罗单车这两张王牌，ofo 在一、二线城市能够与摩拜相抗衡，哈罗单车则积极布局二、三线城市，并占有绝对的市场份额，最近哈罗单车也在积极布局一线城市，这对于阿里而言，无论从推动线下支付还是流量数据方面，都十分重要；在腾讯系内，腾讯依靠强大的社交流量体系为整体赋能，依靠"左膀右臂"京东和美团不断壮大"盟军"，同阿里巴巴正面角逐，如果说，滴滴和美团争抢摩拜是意图补齐其出行版图，阿里和腾讯则明显是为了线下流量，完善支付、信用等场景，因此，未来共享单车市场会如何发展，目前仍然不是十分明确。

10.5　行业展望

根据信息化和产业发展部发布的《2018 中国共享经济发展年度报告》显示，中国共享经济市场规模在 2015 年已经达到 19560 亿元，2016 年快速增长至 34520 亿元，增幅高达 77%，而在 2017 年我国共享经济市场交易额约为 49205 亿元，比上年增长 47.2%。其中，非金融共享领域交易额为 20941 亿元，比上年增长 66.8%。共享经济是最活跃的新动能、新血液，为如今经济的快速发展增添了内在动力，它集中体现了我国在理念、技术、模式和制度等方面的创新。2017 年中国共享经济的发展取得了巨大成就，极大地方便了人们的生产和生活，推动了社会的发展与进步，成为创新驱动发展的时代缩影，预计未来几年，共享经济依然会持续良好地发展，为社会的发展继续做出贡献。

共享经济在中国的发展较美国等欧洲国家虽然起步晚，但其发展速度、发展规模都远超国外同时期的国家，我国共享经济在吸收国外先进商业模式的基础上，向海外扩张，形成了国际影响力。自 2015 年以来，ofo 小黄车、摩拜等多家共享单车企业积极布局海外市场。2017 年 6 月 13 日，摩拜单车宣布登陆全球第 100 个城市——英国曼彻斯特；ofo 目前已经进入 20 个国家，超过 250 个城市；滴滴国际化步伐加快，先后投资了巴西 99 约车、印度 Ola（欧拉）、南非打车应用 Taxify、新加坡的 Grab 打车软件、美国的优步和利福特、中东北非地区的 Careem（中文意为"大方的"）全球七大移动出行服务平台，合作网络已触及北美、东南亚、南亚、南美1000多个城市，覆盖了全球六成人口。

据普华永道相关报道，目前共享经济在全球的发展非常火热，截至2015年上半年，全球"共享经济"市场约为150亿美元，未来十年，全球共享经济将增长20倍，即到2025年这一市场规模将增加至3350亿美元。

下面将以共享经济中的几个重点领域为代表，对未来共享经济的发展做出预测。

2016年年底，共享单车市场爆发，并带动共享出行概念进一步普及，未来，共享、智能、新能源将成为互联网出行产品和服务的关键要素，在技术、资本、政策的推动下，现有的互联网出行领域将深化变革，同时将有新的出行细分领域会出现，预计未来几年，中国移动互联网出行市场规模将继续保持高速增长（见图10－15）。

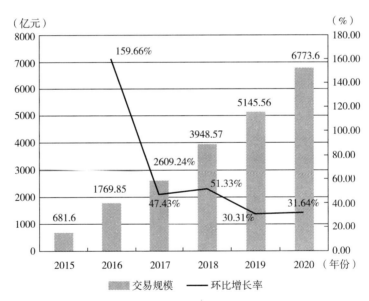

图10－15　2017～2020年中国移动互联网出行市场交易规模预测

资料来源：根据易观数据库有关数据整理。

共享单车在2016年下半年进入大众视野，先后经历了萌芽期、成长阶段、泛滥阶段及洗牌阶段这四个时期，随着一大批共享单车的倒闭，以及ofo、摩拜先后归入阿里、腾讯旗下，中国共享单车市场目前已经形成了相对稳定的格局，目前在一、二线城市主要是ofo与摩拜占据了绝大部分的市场，而在二、三线城市哈罗单车则是一家独大的态势，虽然未来几年共享单车市场的环比增长会有所下降，但是其交易规模总量仍会保持稳定增长（见图 10 - 16）。

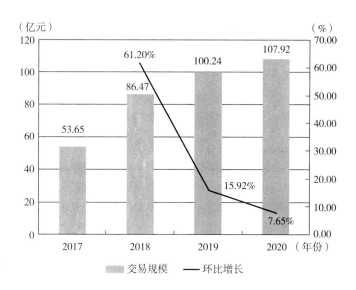

图 10 - 16　2017～2020 年中国共享单车市场交易规模预测
资料来源：根据易观数据库有关数据整理。

　　数据显示，目前网约车用户规模已超过三亿人，增长率趋于平稳（见图 10 - 17）。2014 年网约车行业迎来第一个爆发期，得益于网约车平台提供的巨额补贴，网约车的用户规模极速扩张，增长率超过了 559.4%，随后网约车的疯狂"烧钱"补贴大战暂停一段落，市场趋于稳定，但在 2018 年随着众多新玩家的加入，网约车市场又开始动荡起来，美团打车于 2017 年 2 月 14 日在南京试运营之后，快速在上海打开了市场。与此同时，易到、嘀嗒等老玩家也在纷纷加码，易到已经多次下调司机佣金，近日还宣布免佣金和阶梯返利计划。嘀嗒拼车升级为嘀嗒出行，并推出了出租车业务，直接对抗滴滴，此外，高德、携程也高调入局。高德推出了顺风车业务，携程宣布拿到全国通用的网约车牌照，并拟将专车业务（见图 10 - 18）注入天津海豚出游科技有限公司独立运营。

　　滴滴出行自从 2016 年并购优步之后，在网约车领域就一直处于龙头老大的地位，如今众多其他玩家入局，尤其是美团，来势凶猛。网约车接下来面临新一轮市场竞争，一家独大的市场格局很快就要被打破了，未来网约车市场的发展将会更加注重提升行业服务质量、聚焦细分市场、加强与传统出租车行业合作，形成综合出行服务生态体系。

　　通过互联网共享出行中的共享单车、网约车这两个领域的规模及对未来市场规模的预测可以看出，未来共享经济的发展可能会出现局部较为稳定，局部较为动荡的态势，但总体会继续呈现上升趋势，人工智能、物联网、区块链技术在未来可能会加入到共享经济行业中，是未来共享经济的重要发展板块。

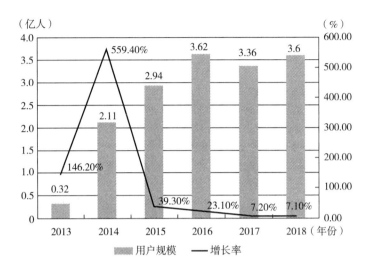

图 10－17　国内网约车用户规模及预测

资料来源：根据速途研究院有关数据绘制。

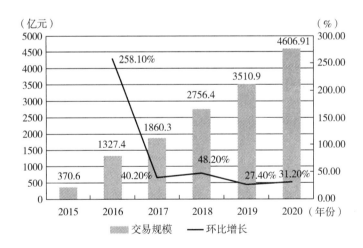

图 10－18　2017～2020 年中国移动互联网专车市场交易规模预测

资料来源：根据易观数据库有关数据绘制。

参考文献

共享经济——新时代的关键词［EB/OL］. http：//m. sohu. com/a/20585
1139_777083？_once_＝000022_shareback_wechatfriends_qq&strategyid＝00009.

电子商务研究中心. 2017 年度中国"共享经济"发展报告［EB/OL］. ht-
tp：//www. 100ec. cn/zt/upload_ data/2017gxjj/2017gxjj. pdf.

国家信息中心. 2018 中国共享经济发展年度报告［EB/OL］. http：//
www. useit. com. cn/thread－18147－1－1. html.

中国产业信息网. 摩拜"卖身"美团，共享单车行业迎来变局［EB/OL］.
http：//www. chyxx. com/news/2018/0404/626901. html.

一文读懂共享单车的核心技术原理［EB/OL］. http：//www. elecfans. com/
d/598570. html.

赵宏民. 疯狂补贴被叫停后，滴滴美团的竞争早已不在同一个维度［EB/
OL］. http：//column. iresearch. cn/b/201804/830010. shtml.

王晨曦. 中国互联网出行市场年度分析 2017［EB/OL］. https：//www.
analysys. cn/analysis/trade/detail/1000810/.

国家信息中心. 2017 年中国共享经济数据分析及 2018 年发展趋势分析［EB/
OL］. http：//www. askci. com/news/chanye/20180302/085520118896. shtml.

11 文化创意产业

彭　前

11.1　行业重要性

随着全球经济的不断发展，在经济科学中逐渐出现了一些新概念，例如创意设计、创意市集、创意产业和创意阶层，它们都与基于人力资本的智力和艺术开发的新经济趋势相关，因此被现代经济认为是一个新的经济形式，统称为创意经济。作为创意经济的重要组成部分，文化创意产业（Cultural and Creative Industries）旨在以创意为核心内容，同时融合文化元素与科技资源，重点涵盖"文化艺术、设计服务、新闻出版、广告会展、旅游休闲娱乐"等几大类内容（见图11-1）。

联合国教科文组织出台文件政策表示，未来一段时期，文化创意产业必将在各个国家及地区间的经济和竞争发展中扮演重要角色，对发达国家或发展中国家来说都定义了经济在向一种新的生产模式演进。近年来，文化创意产业在各国受到广泛的关注和重视，发展势头迅猛。如在20世纪90年代，英国陷入制造业发展危机，制造业产值不断下滑，导致英国经济总体不景气。因此，为重振本国经济发展，英国政府立刻实施了旨在发展文化创意产业的政策。文化创意产业部门很快成为振兴国家经济的关键，并帮助降低了国内失业率。目前，文化创意产值占英国GDP的8.2%，劳动力占总劳动力组成部分的8%，并且文化创意产品出口每年增速超过11%。毫无疑问，文化创意产业已逐渐成为英国经济发展的支柱。同时德国作为另一个制造大国，也对文化创意产业非常重视，自2009年以来，文化创意产业在整个国家经济格局中的地位日益凸显。2012年，德国文化创意产业部门的附加值上升到了636亿英镑，占当年GDP的2.31%，比2009上升了 10%，同时共有 246000 个文化创意企业提供了超过 100 万个职位，文化创意产业对国民经济增长的贡献已经超过了化学和能源行业。

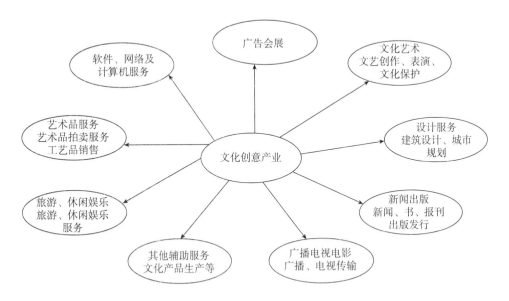

图 11-1 文化创意产业分类

资料来源：根据公开资料整理。

另外，文化元素和创意资源作为文化创意产业的核心内容，绿色、低碳、环保，对物质资源的依赖程度较低，因此文化创意产业的发展在现代经济中具有双重意义。一方面，它是现代服务业的重要组成部分；另一方面它具有强大的整合、渗透和辐射能力，有助于相关产业的发展和升级，因此在全球经济发展中越来越受到重视，甚至已经成为各国增强国家"软实力"的不二法宝。

11.2 国际发展情况

11.2.1 国际文化创意产业发展现状

由于全球金融危机严重影响了金融、房地产业等传统产业，在经济长期停滞的情况下，世界各国纷纷调整经济发展战略，寻找新的增长点。文化创意产业具有产业集成度高、需求量大、创新能力强等特点，使其成为众多国家的战略性选择。

据联合国教科文组织发布的 2016 年文化与创意产业报告显示，全球文化创意产值达到 2.25 万亿美元，远超过电信服务（全球产值为 1.57 万亿美元）和印度的国民生产总值（1.9 万亿美元）。该产业共创造了 2950 万个工作岗位，雇用劳动力人数占世界总人口 1%。从业人数排名前三的行业依次为视觉艺术（673万人）、图书（367 万人）和音乐（398 万）。但是，全球各地区发展情况极不平衡，目前主要集中在以美国为核心的北美地区、以英国为核心的欧洲地区和以中国、日本、韩国为核心的亚洲地区（见图 11-2）。

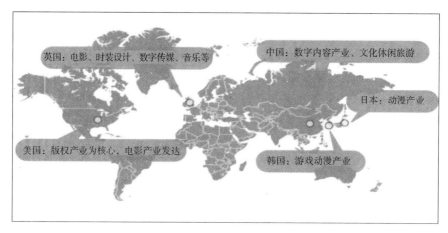

图 11-2　世界创意产业空间分布格局

资料来源：联合国教科文组织文化与创意产业报告。

欧洲目前是全球第二大文化创意产业市场，主要集中在英国、法国、丹麦、瑞典等国家（见图 11-3），以发展音乐、时装设计等为主，产值占市场总额的 34%。其中英国于 1989 年提出"创意产业"构想以来，英国文化创意产业成功居于世界领先地位，提升了英国的国际竞争力，同时大大促进了英国就业，备受世界各国肯定。在意大利，文化创意产业通常被认为是文化产业的延伸，主要包括音乐、广告或文化遗产及视听、电子游戏、电视和广播等内容，意大利《创意白皮书》指出文化创意产业部门产值占 GDP 的 9% 以上，有 250 万人从事该行业。

美国主要以版权产业为核心，电影产业发达，总产值占市场总额的 43%。亚洲、南太平洋国家占 19%（其中日本以动漫产业为主，占 10%；韩国重点发展游戏动漫产业，占 5%；中国和其他国家及地区主要发展休闲文化旅游，仅占 4%）。而亚太地区文创产业总产值 7430 亿美元（占文创产业全球产值的 33%），从业人员 1270 万（占文创产业全球从业人员的 43%）。日本文化厅以《21 世纪文化立国方案》为文，正式确立及启动日本文化立国战略，所以至今日本仍然是世界上最大的动漫制作和输出国，在全球播放的动漫作品中 60% 来自日本，在欧洲更是高达 80% 以上。动漫产业主要集中在东京都和大阪府。其中东京都练马区尤以动漫产业闻名，东京都的 400 多个动漫工作室基本都聚集于此；秋叶原地区商务文化旅游设施齐全，是动漫爱好者的旅游必选之地。同时日本的游戏产业几乎占有全世界 50% 以上的市场。

图 11-3　欧洲文化创意产业分布格局

资料来源：联合国教科文组织文化与创意产业报告。

11.2.2　国外"典型文化创意企业"发展概况

（1）迪士尼集团。

华特·迪士尼集团于 1922 年正式成立，集团业务内容涵盖动画电影、主题公园、家具用品、电子产品等多个产业。目前，收入主要来源于网络媒体、主题公园度假区、迪士尼互动等五大方面。集团财务报告显示，2015 年迪士尼主营业务收入累计高达 524.65 亿元，网络媒体占主营业务收入的 44.3%、主题公园及度假区占比 30.8%、影视娱乐占比 14.1%、消费品占 8.6%、迪士尼互动占比 2.2%（见图 11-4），其中营利性收入主要来源于网络媒体业务，占营业利润的 53.00%，其次是主题公园度假区，占营业利润的 21.00%（见图 11-5）。

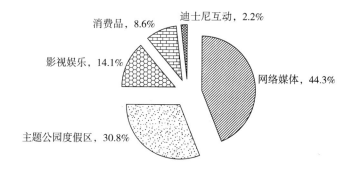

图 11 - 4 2015 年迪士尼集团分业务主营收入占比

资料来源：根据公开数据整理。

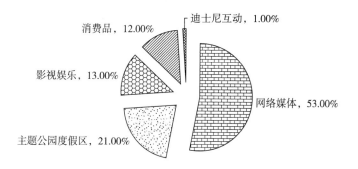

图 11 - 5 2015 年迪士尼集团分业务营业利润结构

资料来源：根据公开数据整理。

而主题公园作为集团重要产业之一，其商业模式主要建立在影视内容与媒体传播渠道，以一个又一个深入人心的动画角色和卡通形象塑造品牌影响力和号召力，因此几十年来以文化素材为核心的主题公园建设在全世界呈遍地开花之势，目前全球共有六所主题公园，如美国加利福尼亚州洛杉矶、法国巴黎、中国香港、上海等。2015 年接待游客人数高达 1.379 亿人次，同比增长 2.70%（见图 11 - 6）。

迪士尼主题公园收入来源多样化，主要包括游乐园度假区门票以及一些其他衍生消费品，如酒店餐饮、住宿、邮轮租赁及纪念品消费，而在 2015 年公园及度假区门票消费仅占主营业务收入的 30.8%，因此迪士尼公园能够在激烈的竞争中占领全球市场，重要因素就是首先利用一系列丰富经典的文化创意元素吸引潜在顾客群，其次让顾客以食住行游购娱泛产业链的形式进行衍生品消费，从而实现集团营利。

（2）漫威影业。

在国际知名的文化创意产品品牌中,我们不得不提美国这家初期从事漫画业的公司。漫威(Marvel Comics)成立于 1939 年,最早是一家漫画公司,而今已成为世界影视文化品牌巨头。公司曾用名为时代漫画,1961 年公司正式更名为 Marvel,译为"惊奇漫画"。2010 年 9 月,Marvel 正式宣布其中文名称为"漫威"。

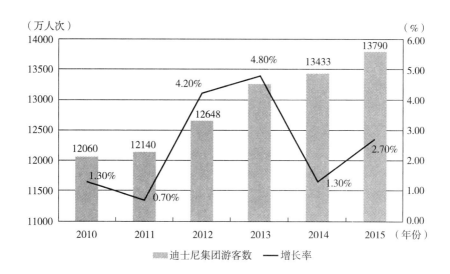

图 11 - 6　2010～2015 年迪士尼公园游客数量趋势

资料来源:根据公开数据整理。

漫威公司拥有蜘蛛侠、钢铁侠、美国队长、黑寡妇、夜魔侠、红骷髅、金刚狼、超胆侠、恶灵骑士、蚁人等 8000 多个知名漫画角色和复仇者联盟、神奇四侠、X 战警、银河护卫队等耳熟能详的超级英雄团队。2009 年年初,漫威工作室被美国娱乐巨头华特·迪士尼公司以 42.4 亿美元的高价收购,并出售了《阿凡达》《X 战警》等影片的所有权。截至 2018 年,漫威集团已经度过 78 年岁月,并从美国一家名不见经传的漫画出版公司逐渐发展成为一个横跨动漫、游戏及影视制作等多个领域的行业巨头。

近年来,漫威公司在全球大力发展影视产业,建立了超级英雄王国,并向世界展现了漫威集团的雄心壮志。根据以往数据显示,漫威 9 年间共发布了 17 部票房超高的一系列电影,如《超能陆战队》《银河护卫队》等,这 17 部电影在全球共收获 130.9 亿美元的票房(折合人民币 800 亿元),是 2016 年北美电影市场票房收入(113.8 亿美元)的 1.15 倍,是 2016 年中国电影票房(66 亿美元)的 1.98 倍。

在漫威影业全球票房收入前十名中，影片《复仇者联盟》名列榜首（见表11-1），这部电影于2012年5月在北美上市，制作成本仅2.5亿美元，但却创造了全球15.18亿美元票房的成绩（中国票房共5.86亿元），在业界评论和商业收益两方面都获得了很大的成功。

表11-1 漫威影业全球票房收入前十名影片

排名	影片名称	全球票房收入（亿美元）
1	复仇者联盟	15.18
2	复仇者联盟2：奥创纪元	13.98
3	钢铁侠3（Iron Man 3）	12.15
4	美国队长3：内战	11.45
5	蜘蛛侠：英雄归来	8.8
6	银河护卫队2	8.56
7	银河护卫队1	7.73
8	美国队长2：冬日战士	7.14
9	奇异博士	6.57
10	雷神2：黑暗世界	6.44

资料来源：根据公开资料整理。

（3）乐高玩具。

乐高集团于1932年在丹麦创立，总部设在比隆，作为一家私人控股集团，以出品颜色丰富的塑料积木、齿轮、迷你人偶和装配零件等玩具而出名，其玩具产品销往全球140多个国家及地区。

2013年，乐高全球营业收入仅为25000亿丹麦克朗（见图11-7），但到了2014年，乐高收入大幅上涨，甚至超越美泰集团成为全球最大的玩具生产公司。公开财报显示，乐高集团2016年净利润为94亿丹麦克朗，2017年收入下降8%至350亿丹麦克朗（合58亿美元），净利润下降17%至78.1亿丹麦克朗（见表11-2），欧美等成熟市场收入减少，但在中国营业额实现大幅度上涨。主要是因为集团在欧美国家实施的"清理库存"战略导致其这些成熟市场中营业额下降。

目前，虽然公司收入及净利润增长趋势暂缓，但是其在全球玩具产业中仍占有大量市场份额。同时，乐高与美国时代华纳等多家娱乐巨头公司建立合作关系，一些高票房电影一经问世，乐高便会推出相关电影主题的玩具，以迎合电影粉丝的需求。未来，由于中国市场强劲增长的发展特征，乐高集团可能将通过扩宽销售渠道、有效利用电子商务及数字平台等手段进一步扩大中国大区业务。

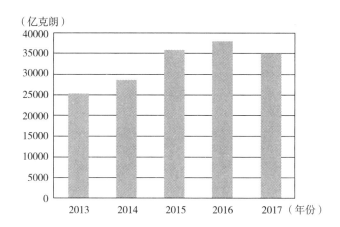

图 11 - 7 乐高 2013～2017 年收入变化趋势

资料来源：根据公开资料整理。

表 11 - 2 2013～2017 年乐高简易财务报表

百万（丹麦克朗）	2017 年	2016 年	2015 年	2014 年	2013 年
收入	34995	37034	35780	28578	25294
费用	24636	25486	23536	18881	16958
营业利润	10359	12448	12244	9697	8336
税前利润	10201	12391	12148	9491	8239
净利润	7806	9436	9174	7025	6119

资料来源：根据公开资料整理。

11.3 国内发展情况

随着经济全球化步伐的不断加快，文化创意产业异军突起，成为推动经济发展的新兴力量。进入 21 世纪以来，我国高度重视文化创意产业，最近出台的第十三个五年计划也强调使文化创意产业成为我国支柱产业，因此文化创意产业有望成为新的经济增长点，并成为推动经济结构调整和产业升级的新引擎。

11.3.1　我国文化创意产业发展现状

在过去的 30 年里，中国经济的成功取决于"Made in China"的标签。当中国试图提高其创新能力、建设创新型社会时，创新和创造力的培养成为中国经济转型的关键。因此，促进我国文化创意产业的发展已成为政府近几年来的重要经济议题之一。

据国家统计局数据显示，近年来我国文化创意产业园数量不断提升，产业增加值及占国民生产总值的比重不断增加，整体呈现出一片利好的形势。从 2002年开始，文化创意产业园数量成倍增加，2010 年文化及相关产业增加值达到11052 亿元，占 GDP 的比重为 2.73%。2013 年我国文化创意产业园数量达到2406 家（见图 11 - 9），文化产业增加值为 21351 亿元，占 GDP 的比重为3.63%，2014 年全国文化及相关产业增加值 24538 亿元，占 GDP 的比重为3.76%，比同期 GDP 现价增速高 3.9 个百分点，比上年提高 0.13 个百分点。到2016 年增加到 3.03 万亿元，中国文化创意产业增加值占 GDP 比重由 3.95% 提高到 4.07%（见图 11 - 8），增长 0.12 个百分点，由此可以看出文化创意产业的增加值逐年增加，占 GDP 的比重也在逐年上升。同时在北京、上海、江苏和广东等地区，文化创意产业占本地 GDP 的 5% 以上。

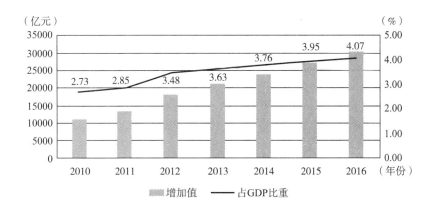

图 11 - 8　2010 ~ 2016 年我国文化创意产业发展情况
资料来源：根据国家统计局数据整理。

在过去的几年里，文化创意产业平均年增长率超过 10%，加速了我国经济结构调整，已成为经济增长的一个亮点和结构优化的主要动力。但在 2014 年，我国文化创意产业增加值占 GDP 的比重为 3.76%，而美国这一比重在 2013 年已经达到 11.25%，韩国 2012 年已达 9.89%。因此，相比较之下，中国文化创意产业发展仍存在很大的空间。

另外，近年来全国各省市尤其是一些经济发达地区都纷纷创建各具地方文化特色的创意产业园，文化创意产业园区数量不断增加（见图 11 - 9）。但与目前我国宏观经济发展特点一致，我国文化创意产业整体呈现出"东高西低"、"南快北慢"这种区域发展不平衡的特征。根据智研咨询发布的产业园分布格局图可知，目前主要集中在东部沿海省份（见图 11 - 10），如山东（343 家）、广东（238 家）、江苏（252 家）等省份，而中西部地区目前发展还比较落后。

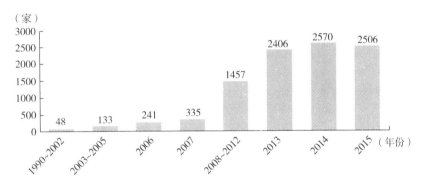

图 11 - 9　近 25 年我国文化创意产业园数量

资料来源：根据公开数据整理。

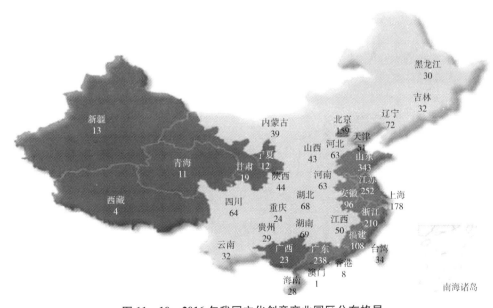

图 11 - 10　2016 年我国文化创意产业园区分布格局

资料来源：智研咨询《2017～2022 年中国文化创意产业园调研及投资前景分析报告》。

11.3.2 国内文化创意典型行业发展概况

（1）影视产业。

随着我国经济发展水平的不断提高，广大人民群众对于精神文化的需求在不断增长，国家也不断出台政策大力鼓励文娱市场的发展，使各类社会资本争相进军影视文娱行业，因此影视产业作为重要组成部分，其整体发展环境得到进一步改善，影片质量不断提升，票房收入实现快速增长，我国影视产业市场保持持续良性高速发展。

从票房数据来看，截至 2017 年 10 月，中国内地观影人数高达 13.85 亿人，较上年增长 18.5%；全国放映电影场次共 7752.45 万场，较上年增长 30.2%；中国内地票房总收入超过 448.97 亿元，较上年增长 15.5%（见图 11-11），使我国内地票房市场成为除北美以外第一个超过 40 亿美元收入的市场。据预测，到 2020 年，中国有望成为全球最大的电影市场，这种增长主要是由中产阶级的崛起和迅速增长的银幕数量所推动的。在过去 10 年，中国电影产业增加了 2 万个屏幕，并且以每周 18 个屏幕的速度在全国各地区新影院开放。

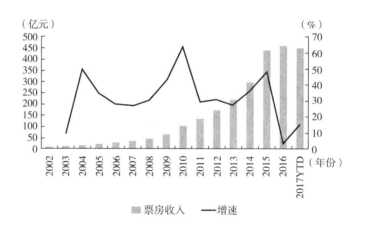

图 11-11　2002～2017 年 10 月中国内地电影票房收入

资料来源：根据公开资料整理。

另外，据公开数据显示，近年来国产片票房增速回升（见图 11-12），进口片成为拉动市场增长的主要动力。2017 年 1～10 月国产片分账票房约 244.42 亿元，同比增长 6.7%；进口片票房约 204.56 亿元，同比增长 28.1%。国产影片市场份额为 53.4%，较 2016 年同期下滑 5.2%；进口影片市场份额达 47.6%（见图 11-13）。入围中国内地票房排名前 10 名的影片中包含国产影片 4 部（见

表11－3），共实现票房105.78亿元；进口片6部，票房收入共计84.29亿。《战狼2》票房收官53.1亿元（剔除票务服务费），累计观影人次1.59亿，创国内影史之最。

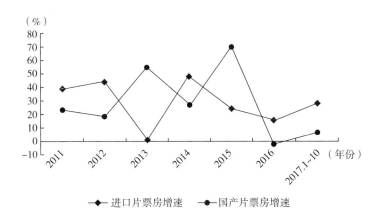

图11－12　2011～2017年10月进口片及国产片票房增速

资料来源：中商产业研究院整理。

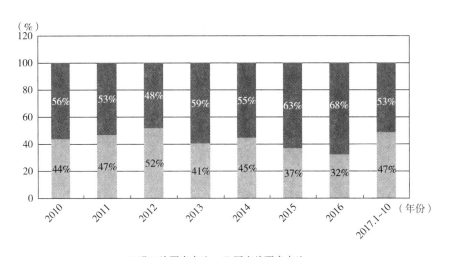

图11－13　2010～2017年10月进口片及国产片票房占比

资料来源：中商产业研究院整理。

（2）新闻出版。

近年来，随着新媒体技术的不断发展，国家出台一系列政策鼓励新闻出版业做大做强。因此新闻出版业积极适应时代需求，深入贯彻落实中央发展精神，始终将社会效益放在首位，做到社会效益与经济效益相统一，不断进行改革创新，不断为广大群众提供更加优质的内容，促进了新闻出版行业的迅速发展，也促进了我国文化创意产业的大发展大繁荣。自2012年以来，新闻出版产业营业收入持续增长（见图11-14），截至2016年，我国新闻出版业营业收入已突破2.35万亿元，较2015年增加1939.9亿元，同比增长9.0%。

表 11 - 3　2017 年中国内地票房收入前十名影片

排名	影片名	分账票房（亿）	票房占比（%）	分账票价（元）	人次（万次）
1	战狼2	53.10	10.9	33.3	15951.0
2	速度与激情8	25.18	5.2	34.6	7287.7
3	羞羞的铁拳	20.62	4.2	31.2	6606.1
4	功夫瑜伽	16.44	3.4	35.9	4580.2
5	西游伏妖篇	15.62	3.2	37.0	4219.8
6	变形金刚5：最后的骑士	14.62	3.0	34.8	4199.5
7	摔跤吧！爸爸	11.99	2.5	27.8	4319.6
8	加勒比海盗5：死无对证	11.05	2.3	33.5	3294.5
9	金刚：骷髅岛	10.95	2.2	33.2	3297.1
10	极限特工：终极回归	10.50	2.1	33.8	3107.3

资料来源：根据公开资料整理。

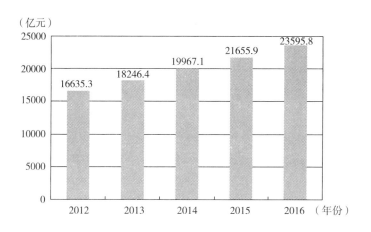

图 11 - 14　2012 ~ 2016 年新闻出版产业营业收入增长情况

资料来源：国家新闻出版广电总局。

在新闻出版业结构中，包含图书出版、数字出版、印刷复制、出版物发行等多个产业类别。目前印刷复制比重所占最大，2016年营业收入为12245.52亿元，占全行业56.55%，较上年降低2.25%。另外数字出版增长速度较快，是目前新闻出版行业发展的主要增长点。2016年数字出版营业收入高达5720.85亿元，占比24.24%，同比增长达29.91%（见表11-4、图11-15）。

表11-4 2016年新闻出版产业结构　　　　　单位：亿元，%

产业类别	营业收入			
	金额	增长速度	比重	比重变动
图书出版	832.31	1.19	3.53	-0.27
期刊出版	193.70	-3.63	0.82	-0.11
报纸出版	578.50	-7.61	2.45	-0.44
音像制品出版	27.51	4.80	0.12	0.00
电子出版物出版	13.20	6.37	0.06	0.00
数字出版	5720.85	29.91	24.24	3.90
印刷复制	12711.59	3.81	53.87	-2.66
出版物发行	3426.61	5.96	14.52	-0.41
出版物进出口	91.52	8.69	0.39	0.00

资料来源：国家新闻出版广电总局《2016年新闻出版产业分析报告》。

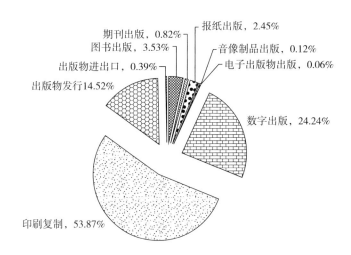

图11-15 2016年新闻出版产业营业收入构成

资料来源：国家新闻出版广电总局《2016年新闻出版产业分析报告》。

同时由于新闻出版业整体呈现良好发展态势，出版传媒集团数量不断增加，总体经济规模也随之不断扩大，而且各集团经营情况差异显著。全国119家集团共实现主营业务收入3001.8亿元，较2014年增加187.0亿元，增长6.6%；拥有资产总额6018.1亿元，增加670.2亿元，增长12.5%；拥有所有者权益3178.1亿元，增加357.5亿元，增长12.7%。

2014年，在内地上市排名前10位的出版传媒集团中，业务类型以出版发行为主。其中，长江出版传媒股份有限公司以118.88亿元的年营业收入额位居榜首，成为出版传媒上市集团中规模最大、实力最强的企业。中文天地出版传媒股份有限公司、中南出版传媒集团股份有限公司及江苏凤凰出版传媒股份有限公司位居其后，其营业收入均超过100亿元（见表11-5）。

表11-5　内地上市排名前10位的出版传媒集团　　　单位：亿元

排名	上市公司	股票简称	业务类型	上市地点	营业收入
1	长江出版传媒股份有限公司	长江传媒	出版发行	上证A股	118.88
2	中文天地出版传媒股份有限公司	中文传媒	出版发行	上证A股	116.02
3	中南出版传媒集团股份有限公司	中南传媒	出版发行	上证A股	100.85
4	江苏凤凰出版传媒股份有限公司	凤凰传媒	出版发行	上证A股	100.46
5	上海紫江企业集团股份有限公司	紫江企业	印刷	上证A股	83.9
6	北京康得新复合材料股份有限公司	康得新	印刷	深证A股	74.59
7	中原大地传媒股份有限公司	大地传媒	出版发行	深证A股	71.39
8	安徽新华传媒股份有限公司	皖新传媒	发行	上证A股	65.81
9	时代出版传媒股份有限公司	时代出版	出版	上证A股	60.21
10	华闻传媒投资集团股份有限公司	华闻传媒	报业	深证A股	43.36

资料来源：根据公开数据整理。

（3）博物馆产业。

博物馆是提升国民文化修养水平及综合素质的重要场所，也是反映一个城市地区经济及综合实力的重要标志。近年来，随着博物馆专业化水平的提高，使得我国各地区博物馆产业得到了迅速发展。根据公开数据，2009～2014年我国博物馆数量继续保持快速发展，2014年我国各省市博物馆数量共计4510家（见图11-16），全年接待观众逾7.17亿人次。

从全国博物馆参观总人数来看，由于大部分博物馆开始陆续免费开放，广大群众对于博物馆的参观热情高涨，因此近年来全国博物馆参观总人数持续增长，2009年全国博物馆接待人数为3.27亿人次，2012年博物馆接待人数已突破5亿人次，2014年接待人数高达71774万人次（见图11-17）。

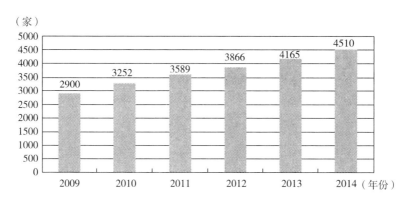

图 11-16　2009~2014 年全国博物馆数量增长分析

资料来源：智研咨询《2016-2022 年中国博物馆市场专项调研与投资方向研究报告》。

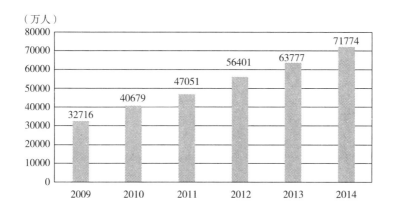

图 11-17　2009~2014 年全国博物馆参观总人数

资料来源：智研咨询《2016~2022 年中国博物馆市场专项调研与投资方向研究报告》。

从博物馆举办主体看，目前我国建成的博物馆仍以国有为主，私有博物馆数量较少。截至 2014 年，国有文化部门所属博物馆数量共计 2798 家，其他部门共计 730 家，私人民办数量仅 982 家，占比为 21.8%，较上一年增长 2.3%（见图 11-18）。但是随着博物馆市场化的不断发展，私人民办博物馆近年来发展迅速，未来有望成为博物馆产业发展的中坚力量。

从博物馆分类来看，目前我国博物馆类型仍以历史纪念类、综合类为主。其中，综合类博物馆数量共计 1743 家，历史纪念类博物馆数量共计 1840 家，艺术类博物馆数量共计 411 家，自然科学类博物馆数量共计 196 家，专题类（含其他）博物馆数量共计 320 家。

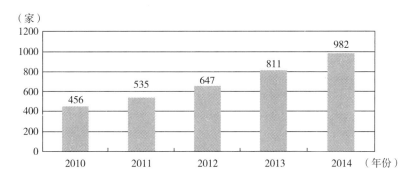

图 11－18　2010～2014 年民办博物馆数量增长分析

资料来源：智研咨询《2016～2022 年中国博物馆市场专项调研与投资方向研究报告》。

11.4　行业展望

随着我国知识经济的不断发展，未来较长一段时期，我国将处于全面改革和转型升级的重要关口，对于我国经济发展创新、绿色、可持续的要求也在逐渐提高，因此文化创意产业高知识性、高融合度、高附加值的特征使其受到国家重视。另外，文化创意产业所创造的经济效益和社会效益将更加凸显，文化创意产业甚至将成为增强国家"软实力"的不二法宝。

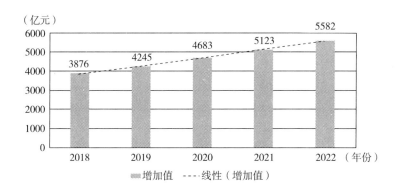

图 11－19　上海市文化创意产业增加值预测

资料来源：中国产业信息网《2016 年中国文化创意产业发展概况》。

据智研咨询预测，未来五年文化创意产业面临着较好的发展机遇，上海、北京两市将成为文化创意产业的重要增长极，其产业增加值将创新高。2022年，上海市文化创意产业增加值有望超过5582亿元，北京市文化创意产业增加值有望超过6462亿元（见图11-19、图11-20）。另外，随着人工智能、虚拟现实、可穿戴技术等技术的不断进步，文化资源与科技结合将成为促进文化创意产业进一步发展的核心手段。据预测，未来五年我国文化创意产业增加值占国民经济总值的比重有望达到5%以上，将成为国民经济发展的支柱性产业。

但是，未来经济形势对于文化创意产业发展也提出了一些挑战，如不断提高创新能力、增强内容原创性及加强后备人才引进等，因此文化创意产业在未来的发展仍然任重道远。

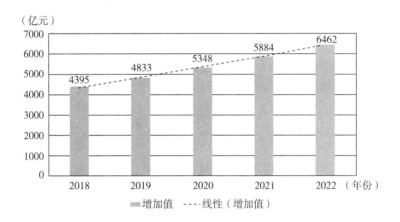

图11-20　北京市文化创意产业增加值预测

资料来源：中国产业信息网《2016年中国文化创意产业发展概况》。

参考文献

鲍繁：《中国微电影市场的现状及发展趋势》，《宿州学院学报》2014年第4期。

周继红：《刍议文化创意产业的发展现状与趋势》，《商情》，2014年。

周志平：《我国文化创意产业的现状及发展对策》，《改革与战略》2011年第10期。

意娜：《联合国〈创意经济报告 2013〉与中国的文化产业》，《福建论坛：人文社会科学版》2014 年第 10 期。

李俊、兰传海：《文化创意产业发展现状与对策研究》，《宏观经济管理》2012 年第 5 期。

国内外文化创意产业发展现状及趋向—中国绿色经济博客—搜狐博客。

刘慧：《中国文化创意产业竞争力研究》，首都经济贸易大学学位论文，2017 年。

王西雷：《宁波：文化创意产业成为新亮点》，《企业家》2013 年第 1 期。

王碧薇：《2011 年新闻出版产业分析报告》，《学理论》2013 年第 1 期。

黄洪海：《文化创意产业的发展与文化软实力的提升》，《理论学习（山东）》2013 年第 7 期。

吴祖义：《我国文化创意产业发展问题浅析》，《湖北民族学院学报（哲学社会科学版)》2012 年第 6 期。

2017 年最新全球文化创意产业分布格局解析［EB/OL］. http：//www. jie-mian. com/article/1050897. html。

后 记

本书是北京高精尖产业创新发展研究团队（项目编号：2017000026833TD01）的阶段性研究成果。

本报告研究团队包括李欢、潘宁宁、刘金娜、石琦、马维兰、吕甜甜、盛茜迪、李凯丰、刘寒秋、张玉雪、彭前、毕文莉、张曼玉、王思雨、杜文含、闫盼盼等。从确定选题、查找资料、初稿写作、研讨修改、书稿校对，前前后后经历了一年多的时间，课题组成员始终以饱满的热情从事研究和写作工作。特别是李欢，她在自己负责的书稿完成后，又为研究报告的整合、编辑、排版、校对等做了大量的工作。

同时，要感谢在课题组调研中给予帮助的所有企业和所有人员。

最后，要特别感谢经济管理出版社的张永美女士、范美琴女士为本书顺利出版提供的大力支持和无私帮助！